生命保険の不都合な真実

柴田秀並

JN230740

光文社新書

はじめに

2019年春、関東近郊の住宅街。築40～50年の木造一軒家のチャイムを押す。しばらくして「どうぞ」という声が中からあり、玄関の戸をカラカラと開けると、大畑一郎さん（仮名：87）が出迎えてくれた。

「大変しつれいしました。何とか出ようと思ったのですが……」。炬燵《こたつ》のある居間に案内され、私が座布団に座ったとき、大畑さんは申し訳なさそうにわびた。

聞くと、電話に出られなかったことを謝りたいとのことだった。私はこの2時間ほど前、大畑さん宅に電話を入れていた。予定通りに訪問して大丈夫か、念のために確認しようと思ったからだ。

大畑さんは3年前に胃がんの手術を受け、胃を摘出している。昼食をとるとしばらく横になる必要があるそうで、どうしても出られなかったという。私は電話をかけたことを後悔した。

「余命1年半と言われたのが、倍近く生きていますよ」。そう笑う大畑さんは、数年前からアルツハイマー型の軽度認知症を持つ。

処方されているという薬「アリセプト」「リバスタッチパッチ」を見せてくれた。妻の和子さん（仮名：77）によると、夜中に豆電球をつけたまま寝ると、「家のなかに鳥がいる」などと幻視に襲われることがあるという。

和子さんと二人で暮らし、年金とわずかな貯蓄で生活を送る。預金通帳を見せてくれた。光熱費や電話代などが引き落とされ減っていくが、2カ月に1回年金が振り込まれる。すると、預金額はだいたい80万円になる。

人の良さそうな年金生活者。そういった印象を抱いた。だが、預金口座の出入金記録は2018年の秋に、少し違った動きをし始める。

200万円ほどが入金されたまさにその日、それをほとんどそのまま、ある生命保険会社に振り込んでいる。豪ドルの外貨建て一時払い保険に加入し、お金を入金した記録だ。

きっかけはその契約の数日前。

「マイナンバー登録の手続きに来ました」。大手生命保険会社の営業職員が自宅を訪れた。タブレット端末でいくつかのサインをしたという。

その手続きの前後に「高齢者に入れる保険は本来ないが、一つだけ良い保険がある」といった内容で、保険に勧誘された記憶もおぼろげながらある。

この間のやりとりについて、大畑さんの記憶は不鮮明だ。何度勧誘されたかもよく覚えていないそうだ。ただ、資料からわかる事実は以下の通りである。

大畑さんは2011年に入った円建て一時払い保険を中途解約。自身の預金口座に200万円ほどが振り込まれた。その後、豪ドルの外貨建て終身保険に加入し、そのまま200万円を一括で支払った。

保険会社から解約金が振り込まれたその日の朝、大畑さんは自宅を訪れた女性営業員と一緒に、開店直後の銀行支店に行ったという。そして、振り込まれた金額をそのまま、新たに契約した外貨建て保険のために再び保険会社へ振り込んだという。「私がいれば、保険会社の社員証があるので、銀行にも詐欺だと思われない」と職員が言うのを聞いたのを覚えているという。

加入していた円建て保険は予定利率が1パーセント近かった。それを中途解約し、外貨建て保険に入っていた。「老い先短いと言われた私が、なぜ新たに外貨建て保険に入らなければならなかったのか」と大畑さんは嘆く。

弁護士に相談することも考えたが、親族と話し合った末に断念したという。「クレームを言う人間ということで金融機関のブラックリストに載るそうです。孫の就職にも影響しかねないのが怖いのです」。大畑さんは真剣におびえていた。

結局、新しい外貨建て保険は1年も満たずに中途解約した。「解約控除」として積立金から一部のお金が差し引かれたうえ、豪ドルを円に戻す際に為替差損が発生するなどもあり、数十万円の損となった。解約前からそれはわかっていたが、保険会社への不信感はぬぐえず、手元に置いておいた方が安心と考えたという。

ただ、いまも「泣き寝入り」したことは悔やむ。

「一人もんだったら、とことんやると考えるかもしれないけどね。もう後先も短い。人生の最後の最後にこんな目に遭うとは、悔しくてやりきれない」。目に涙を浮かべて何度もこういった言葉を繰り返した。

私は朝日新聞の経済部で金融業界を担当している。2018年から保険業界も担当することになった。「利差」や「費差」といった基本的な用語も知らない人間だったが、いろいろと取材しているうちに、生命保険業界に対して違和感を覚えるようになった。

それは「顧客にとって本当に良いことをしているのか?」という、根本的な疑問だった。たとえば、大畑さんが加入した外貨建て保険。銀行による販売だけで販売額は年間４兆円を超える規模に成長したが、それにともなってトラブルも急増している。その多くが高齢者に関するものだ。

「無知な高齢者の自業自得だ」「後から気づいて文句を言っているだけだ」

取材のなかで生命保険業界に限らず、多くの人からこうした「本音」をしばしば聞いた。たしかに、そうした面は否定できないところもある。顧客側が金融のリテラシーを養うことは重要だ。ただ、そもそも知識の乏しい人間に理解の範疇《はんちゅう》を超えた難しい商品を売ってよいのだろうか。「無知なこと」と「自業自得」には飛躍があるのではないか。

保険業法という保険に関する法律では、外貨建て保険のような投資性の強い商品には金融商品取引法が準用されるとしている。そして金商法には「適合性の原則」として、金融機関は次のような業務をしてはいけないとある。

顧客の知識、経験、財産の状況及び金融商品取引契約を締結する目的に照らして不適当と認められる勧誘を行って投資者の保護に欠け、又は欠けるおそれがあること

さらに近年は金融庁の指導もあり、「顧客本位の業務運営」の考えが浸透しつつある。この核心を簡単にいえば、金融機関は自分たちの都合ではなく、顧客にとっての最善の利益を考えた商売をしろということだ。

私が取材で会った、不本意な保険契約を結ばされたと訴える方々はおよそ、こうした発想からはほど遠い営業を受けた人たちばかりだった。もはや保険業界から「食いもの」にされているとしか思えなかった。

ここまで読んで、「自分は金融知識があるから大丈夫」と思っている人も多いだろう。だが、想像してみてほしい。

高齢の親を持ち、自分とは一緒に暮らしていない。場合によっては、遠く離れた田舎で一人暮らしをしているかもしれない。疎遠なわけではないが、お金のことはほとんど話したことがない。どこかいやらしさもつきまとうし、親のプライドもあるだろう。

ただ、あるとき、ふとしたきっかけで、親の預金通帳などを見てお金の流れを知る。すると、あまりにも多くのお金が保険料に充てられていることに気づく。いくつも似たような保険に入り、「保険貧乏」となっていた。親に尋ねると、「ああ、保険会社から入った方がいいと言われて……」

これは現実にある出来事なのだ。

「1月分の支払いが滞《とどこお》っている」

2019年2月、中田浩一さん（仮名：46）はこういった趣旨が書かれた1通の通知を自宅ポストから手に取った。母親の紀子さんが保険料の支払いを延滞しており、かんぽ生命からの催促する通知だった。

北陸の離れた田舎で一人暮らしをする、80歳近い紀子さん。前月に認知症と診断されたため、郵便物を中田さんの自宅に転送してもらう手続きをした矢先だった。

請求金額を見ると、1カ月分で6万円を超えていた。「なんでこんなに多いのだろうか」。中田さんは違和感を抱いたが、そこまで強い疑念には至らず、紀子さんのゆうちょ銀行の口座にお金を振り込んだ。

怪しいと思いなおしたきっかけは、同年6月にかんぽ生命の不正販売が大きく報じられたことだった。

「もしかしたら、うちの親も……」。中田さんはそう思い、帰省した9月に実家近くの郵便局へ行き、契約内容や状況を詳しく調べた。すると、驚くべき実態が判明した。

紀子さんは自分を被保険者にした保険に、じつに6本も加入していたのだ。

その内の一つは15年以上前に契約した終身保険で、すでに払い終えている。これは問題ないとしても、それ以外の保険は養老保険が2本、終身保険が3本で、それぞれ基本契約と特約の補償金額がほとんど同じタイプだった。

紀子さんのゆうちょ銀行の預金通帳を見せてもらうと、胸が痛んだ。そこに記されたお金の流れは、まさに郵便局の「獲物」にされてしまったことを物語っていた。

紀子さんの年金は月18万円。ただしそれは別の銀行に振り込まれる。元々ゆうちょに入っていたお金は保険料で次第に減っていき、２０１８年のある時期に底をついた。

すると、別の預金口座に振り込まれていた年金の振込先が分割され、一部がゆうちょに入るよう手続きがされた。中田さんは「すでに認知能力の落ちていた母がそんな手続きを自分でできるわけがない」と疑念を抱く。

分割され、ゆうちょに振り込まれるようになったお金は月4・5万円。お金に余裕ができたと思った矢先、再び終身保険に加入している。これが、6本のうち最後に入った保険だ。最終的に保険金の支払いは月6万円を超えた。ゆうちょ銀行からは保険料以外も引き落とされるため、残高は間もなくゼロになった。中田さんの自宅ポストに保険料延滞の通知が来たのは、そのときだ。

確認に訪れた郵便局の窓口担当者も、思わず「明らかにおかしい」と漏らした。すでに支払い済みの終身保険を除いて、紀子さんが支払った保険料の合計は240万円近く。窓口担当者からは、「いま解約すれば、6～7割しか戻ってこないですね」と告げられた。

紀子さんに保険を販売したのは郵便局窓口の局員ではなく、「金融渉外」と呼ばれる外回りの局員だ。彼らは配達や窓口業務などをせずに、局外に出て、かんぽの保険やゆうちょの投資信託などの商品を売る営業担当である。

5本の契約を担当した局員は複数人。最後に加入した終身保険2本を担当したのは同一人物だった。窓口から戻ると、この局員から連絡があった。

中田さん「明らかにおかしい契約だ」
局員　「ご本人のために販売した商品なので悪いわけではありません」
中田さん「なぜこんなに契約させた？」
局員　「老後の生活に備えるためでした」
中田さん「なぜ年金分割の手続きがされている？」
局員　「自分がおすすめしました」
中田さん「自分の親にも同じことができるのか」
局員　「さあ、状況が違うので何ともいえません」

ふてぶてしい態度で、まったく悪びれた様子はなかったという。

中田さんは憤《いきどお》る。

「母は年金暮らし。それなのに、光熱費や食費などよりも保険料の支払いに最もお金がかかっている。『老後の生活のため』というが、認知症にかかった80歳近い一人暮らしはすでに老後ではないのか。保険のせいで逆にカツカツの生活になっている」

中田さんが改めて保険証書を確認していると、さらに衝撃的な事実に気づいた。

先ほどの局員が担当した終身保険2本に加入した時期は、それぞれ2017年と2018年だったが、保険金の受取人は浩一さんではなく兄となっている。しかし、兄はそのときすでに亡くなっていたのだ。

紀子さんは2017年の時点ですでに認知機能が低下していた。中田さんは怒りをあらわにする。

「この局員が勝手に書いたわけでなくとも、母は何もわからず言われるがままに、亡くなった兄の名前を書いたのだろう。まともに理解していたら、亡くなった息子を保険金の受取人にするわけがない。母親がいいように食いものにされた決定的な証拠だ」

日本における認知症の人口は、2012年の約462万人から2025年には700万人になるとの試算もある。これは高齢者の約5人に1人の計算だ。

高齢の親を抱える人にとって、中田さんのようなケースは決して人ごとではない。一部の郵便局では、紀子さんのように判断能力が落ち、局員に言われるがまま契約してしまうような高齢者を「ゆるキャラ」と呼んでいた。狙いうちにされたのだろう。

なお私は、保険自体を否定するわけではない。

本書も「保険は一切必要ない」といった極端な論調にくみするものではない。人生に起こりうるさまざまなリスクを、保険という制度を使って緩和することは選択肢の一つだと考える。貯蓄機能としての保険商品も、特性をしっかり理解し、投資信託など他の金融商品と比較したうえで納得して入るならば、それはそれでありだと思う。

私自身も保険に加入している一人だ。

「保険に入っていて本当に良かった」。遺族から涙ながらに感謝されて、思わず自分もぐっと来た、といったエピソードを保険会社の人が熱く語るのを何度も聞いた。

それでも、保険業界を担当する身として、トラブルになったケースをいくつも取材させてもらった。実際、大畑さんや中田さんのような「被害」は決して特異なものではない。保険営業の現場で起きていることなのだ。

保険は、契約期間が長い。保険料の総額が数百万円から1千万円を超えることもあり、「家の次に高い買い物」ともいわれる。

しかも一般の人にとって商品が複雑な場合が多い。販売側と購入側で知識や情報に大きな差があるうえ、「この商品が良かった（悪かった）」とわかるのは、ずっと先になることが多い（商品によっては知らずに死んでいく！）。

保険が人の一生にとって重大なものであるからこそ、おかしなことがあれば指摘すべきではないだろうか。

保険の議論をするのは非常にハードルが高い。率直に言って、難しいからだ。一介の新聞記者に対して、業界に精通した人からは「キミが不勉強なだけでみんな知っているよ」とか、「そんなことをいまさら書いてどうするの?」といった反応が取材の過程でしばしば返ってきた。

利害が絡む関係者から、保険の知識などに関して突っ込みが入ることもあるかもしれない。だが判断に迷ったとき、私はつねに素人感覚に立ち返るように心掛けた。結局、一般人にとって、何が良いか、悪いか。

保険会社は本来、顧客に安心を与える存在だ。テレビで保険会社のCMが流れれば、たいていそういった点が感動的に強調される。

しかし、いまの保険業界は本当に顧客のためになっているのか。この本は、そうした観点から業界の内幕をあぶり出したい。

ここで簡単に、本書の構成を説明する。

第1章では生命保険がどのようなビジネスモデルで成り立っているのかといった業界全体の概況を、バブル期以降の歴史を見ながら解説する。

第2章以降は個別のテーマについて触れていく。

第2章では近年、販売が拡大する外貨建て保険を取り上げる。低金利下で従来の円建て貯蓄性保険の魅力が低下し、販売が落ち込んだとき、生保は何を考えたか。比較的利回りが高いと魅力を強調できるうえに、為替変動といった市場リスクを顧客に転嫁できる外貨建て保険は「おいしい」商品だった。しかし、投資性商品に不可避的につきまとう、顧客とのトラブルリスクに巻き込まれることになった。

第3章では、外貨建て保険を販売するメインチャネルである銀行と生保の関係について考える。近年、収益が低迷している銀行にとって、外貨建て保険は手っ取り早く手数料を稼げる貴重な収入源となった。一方、生保にとっても銀行の営業力は貴重なツールだった。こうした生保と銀行の「共犯関係」について解説したい。

第4章では保険の販売チャネルとしてこれまで主力だった専属の営業職員と、近年存在感を増している「乗り合い代理店」を取り上げる。代理店は、営業職員（かつては「生保レディー」と呼ばれた）とは異なり、複数の会社の商品を比較し、自分にあった保険を選べる利点がある。ただ一方で、生保各社が自社の商品を優先的に推奨してもらおうと、代理店に対してインセンティブ報酬を競い合う弊害も生じた。こうした「負の側面」にも触れたい。

第5章ではマイナス金利が生み出した「変種」ともいえる「節税保険」の奇妙なブームを紹介したい。中小企業の経営者に「節税」というメリットを強調するが、実際はほとんど意味のない、むしろ企業にとって害になりうる保険を、各社が競って投入した狂想曲だ。

第6章では、2019年6月以降、メディアで大きく報じられたかんぽ生命の不正販売の問題を取り上げる。かんぽの顧客（契約者および被保険者）は2019年4月時点で2648万人。日本の全人口の約2割を占める巨大生保だ。ここでは、少なくとも18万3千件で不適切な疑いのある契約が見つかっている。この問題はまさに現在進行中で、原稿を書いている2019年10月中旬時点ではどう着地するか見通せない。それでも、保険を扱った新書として取り上げないわけにはいかないと判断した。

目次

第1章　空虚な最高益

生命保険のビジネスモデル

「最高益の要因は、利差益が大幅に拡大したことが挙げられる。これは外国公社債の着実な積み増しや、国内の株式配当の増配が大きく貢献した」

日本生命、第一生命、明治安田生命が「基礎利益」過去最高、住友生命が3期連続の増益を達成……。2019年5月、東京・日本橋にある日本銀行の記者クラブ。詰めかけたマスコミ各社を前に、会見を開いた生保各社の幹部からは次々と明るい言葉が発せられた。

2019年3月期の決算では主要16グループのうち11社で基礎利益が増益。最高益の更新も相次いだ。

「マイナス金利でも最高益」「マイナス金利による運用難の逆風をはね返した」。大手紙には威勢の良い文言が躍った。

ただ、生保業界に高揚感が漂っているかというと、必ずしもそうではない。「増収増益」「最高益」という言葉が、生保の本来の実力を表したものではないことを、彼ら自身がよく知っているからだ。

図表１-１　保険料の構成要素

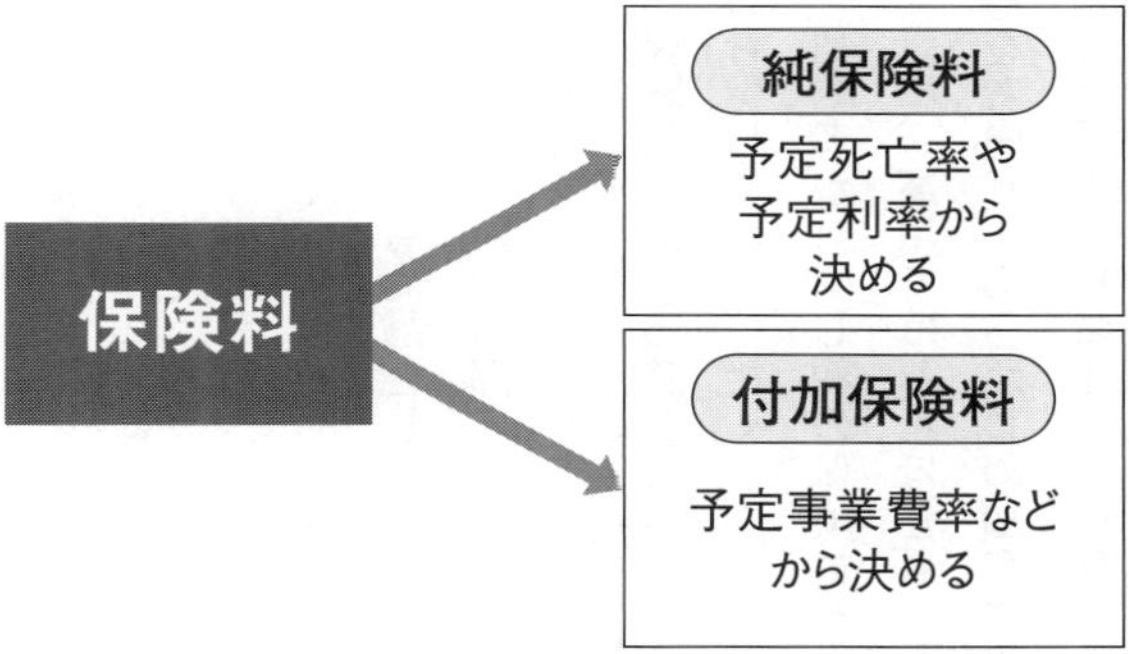

出所：筆者作成

どういうことか。

まずは簡単に、生命保険会社のビジネスモデルに触れておきたい。基礎的な説明になるので、すでにご存知の方は読み飛ばしていただいてもかまわない。

生命保険会社は契約者から保険料を集めて運用し、必要なときに保険金を支払うのが仕事だ。

一般の人たちが保険会社に支払っている保険料は、実は「純保険料」と「付加保険料」の二つから構成されている。その内の「純保険料」が、契約者に支払う保険金に充てられるものだ。

純保険料の設定に影響を与えているのは、金融庁が定める「標準生命表」だ。これは平均余命などを男女別、年齢別にまとめたもので、保険数理の専門家で構成される「日本アクチュアリー会」が生保の契約者のデータをもとに作成している。

厳密に言えば、標準生命表は標準責任準備金（将来の保険金支払いに備えて、法令で義務づけられた積み立て）を計算するための表であり、純保険料は各社が独自に決めている。だが、ルールどおりに標準責任準備金を積み立てるためには、標準生命表からかけ離れた純保険料を設定するわけにはいかず、結果として各社は標準生命表を参考にして純保険料を決めている。加えて保険商品の純保険料の設計は、審査する金融庁の認可事項であり、合理的でないとそもそも商品として認められないのだ。

純保険料を決める際にもう一つ大事な要素がある。保険会社は契約者から集めた保険料を債券や株式の形で運用するので、そこで利息が得られるはずだ。

純保険料を決めるにあたって、生保は集めた保険料でどれくらい運用益が出るかをあらかじめ考慮しておく。たくさんもうかる予測であれば、まったく運用益が生じない場合と比べて、契約者から同じ額の保険料をもらう必要はない。つまり、保険料は安くなる。

反対に、運用ではそれほどもうからないと想定した場合、保険料は高くなる。こうした運用益を考慮し、あらかじめ顧客に約束したものが「予定利率」だ。

たとえば1年後に1万円の保険金を受け取る契約を結ぶとき、予定利率が1％だとすれば、保険料は９９００円となる。この予定利率にも「標準利率」というものがあり、やはり標準責任準備金を積み立てるための利率として金融庁が定めている。もし標準利率よりも高い予定利率で純保険料を設定してしまうと、顧客の保険料だけでは責任準備金の積み立てが難しくなり、生保側がどこかでカバーしなければいけなくなる。低金利を受けて、現在の標準利率は一時払い終身保険で0・25％（保険の種類により複数の標準利率がある）と、極めて低い水準となっている。2020年1月からはとうとう0％になる見通しだ。

保険料のもう一つの構成要素は「付加保険料」だ。これは、保険会社が事業を続けるうえで必要だとあらかじめ想定した経費のことである。新規契約を得るための人件費や営業活動費なども含まれる。

なお「付加保険料」の設定は、以前は純保険料と同じく金融庁の認可事項だったが、2006年に対象外となった。「各社の経営努力を積極的に認めさせる」という金融自由化の流れの一環であった。

以上を踏まえ、一般の人が支払う保険料は次の三つで決まる。

① 契約期間中の死亡者数の見込み（予定死亡率）
② 集めた保険料の運用損益の見込み（予定利率）

図表1-2　保険会社の利益の構成要素

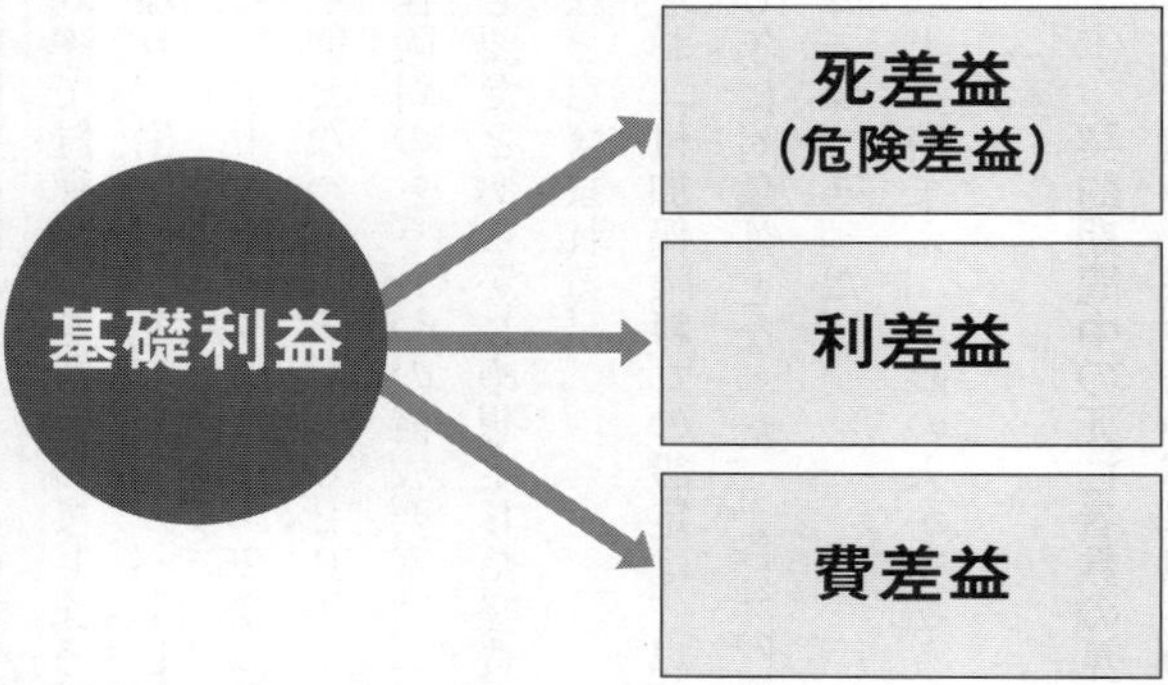

出所：筆者作成

③　保険会社にかかる経費の見込み（予定事業費率）

①②は「純保険料」として、③は「付加保険料」という形で保険料に反映される。なお、純保険料には中途解約がどれくらい発生するかの見込み（予定解約率）を考慮する場合もある。大事な点は、これはあくまで生保会社があらかじめ想定した「見込み」の割合であるということだ。

生保の利益は、この見込みと実績の「差」によって発生する。①～③の費用にそれぞれ対応する形で、①「死差益」（危険差益）②「利差益」③「費差益」と呼ばれる。各社が決算の際に本業のもうけとして示す「基礎利益」は、おおむねこの三つの合計額に等しい。

図表１-３　2000年前後に起きたおもな生保の破綻

社　名	破綻時期
日産生命	1997年４月
東邦生命	1999年６月
第百生命	2000年５月
大正生命	2000年８月
千代田生命	2000年10月
協栄生命	2000年10月
東京生命	2001年３月

出所：筆者作成

「逆ざや」解消への悪戦苦闘

生命保険業界を取材していると、必ず出てくるのが「逆ざや」という言葉だ。業界は長らく、逆ざやの状況に苦しんできた。少々長くなるが、この言葉の意味と、背景にある現象を説明したい。

生保各社は１９８０年代後半〜90年代前半のバブル期に、高い予定利率を約束した貯蓄性保険を大量に販売した。貯蓄性保険とは言葉の通り、保障としての機能だけではなく資産を貯蓄する機能も備えた保険商品である。

顧客が支払った保険料を保険会社が運用し、満期などに運用益を上乗せした保険金を支払う。現在の円建ての貯蓄性保険では大半の場合で予定利率が1%を下回るが、バブル当時は6%を超える商品もあった。

生保各社は好景気のなかで高利回りの保険商品を競い合い、それにともなってリスクの大きな資産を増やしていった。だが、知っての通りバブルは崩壊。以降、市場金利や株価が下落し、生保各社は契約者に当初約束していた利回りを運用収益でまかなえなくなった。このような状況が「逆ざや」(利差損)である。

逆ざやが一因で、1997年から2001年までに7社の中堅生保が相次ぎ破綻《はたん》した。

こうした「生保危機」以降、業界は低い予定利率の商品を投入する一方、「死差益(危険差益)」や「費差益」で「利差損」の苦境を補う状況が続いてきた。そのなかで、保険会社が顧客に保険金を正しく支払わない「保険金不払い問題」や、予定利率の高い保険から低い新商品に契約を切り替えさせる「転換問題」といった不祥事も起きた。

不払い問題は、2005年に明治安田生命で大量に発覚。その後、各社に広がり、業界を揺るがす社会問題に発展していった。

保険会社が支払うべき保険金を支払わなかったり、契約を十分説明しなかったりした。なかには、保険金の支払いを意図的に減らそうとする悪質なケースも見られた。

金融庁によると、05年度には不払いは10社合計で約17万8千件、金額にすると約198億

図表１‐４　金利と標準利率の推移

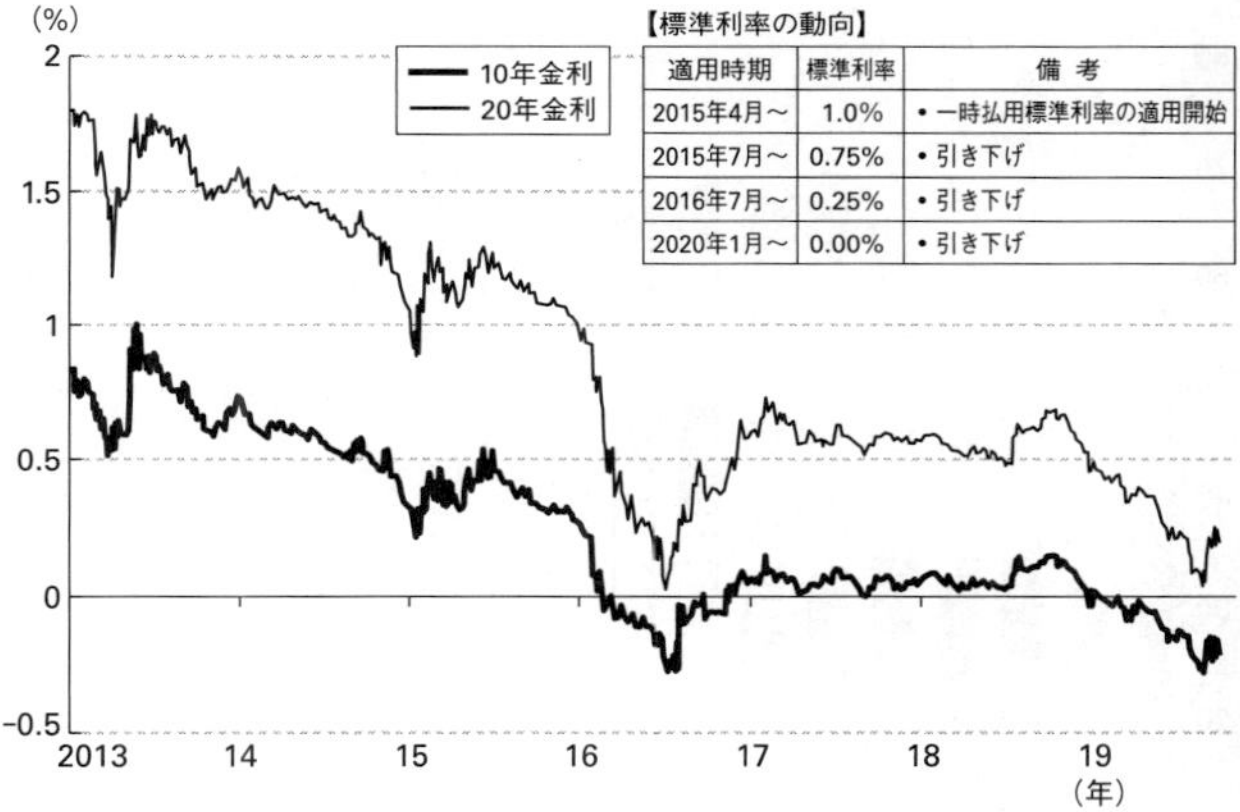

【標準利率の動向】

適用時期	標準利率	備　考
2015年4月〜	1.0%	・一時払用標準利率の適用開始
2015年7月〜	0.75%	・引き下げ
2016年7月〜	0.25%	・引き下げ
2020年1月〜	0.00%	・引き下げ

出所：筆者作成

円に上った。

転換問題はややわかりにくいので詳述したい。

バブル崩壊前に販売されていた予定利率の高い保険は「お宝保険」とも呼ばれる。この保険から予定利率の低い商品に切り替えさせれば当然、保険会社の負担は軽くなる。

医療技術の進化やライフスタイルの変化などで、新たな保障が必要になることも多い。保険商品が次々に新発売されるのはそのためでもある。だが契約自体を切り替えるのではなく、特約（病気やけがなどに対するオプション）のみを変えるだけで済む場合も多い。だが営業担当者がそれを十分に説明せず、顧客が理解していない状態での転換が横行した。

図表1-5　生保各社の有価証券内訳の推移

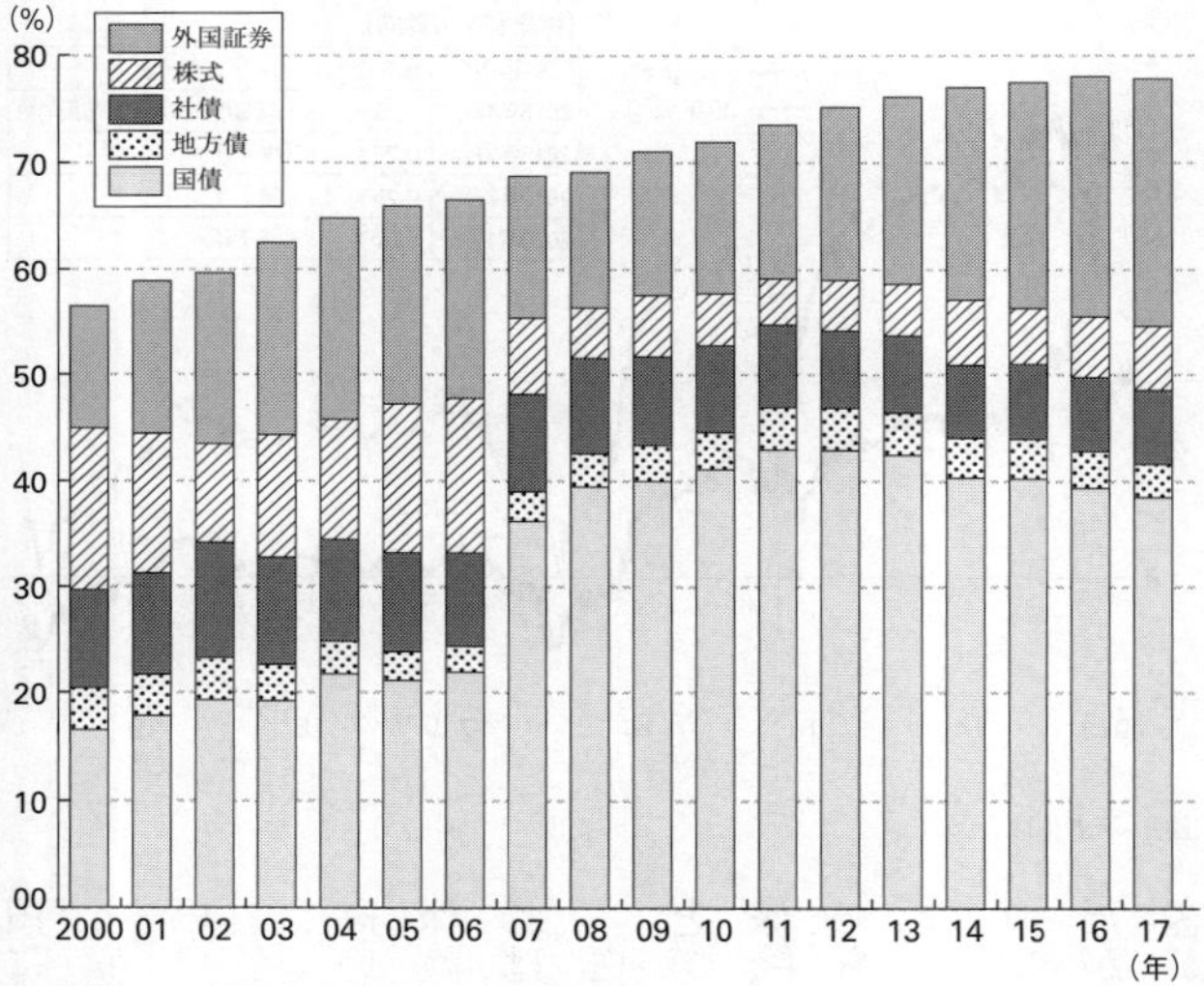

注：原則として当該決算時の基準による数値を掲載
出所：筆者作成

逆ざやに苦しむ保険会社が予定利率の低い新商品への転換を勧めた側面もあったため、社会問題と化した。

一方、資産運用面では、生保各社は保有資産の長期化をはかってきた。

先ほど、保険会社は保険料を集めて運用し、必要なときに保険金を支払うのが仕事と述べたが、生命保険には他の保険とは異なる特徴がある。

それは、保障期間が長期間にわたることだ。たとえば自動車保険などの損害保険の場合、保障期間は基本的に単年度だ。しかし生命保険は、支払いが必要となるのがかなりの年数後になることが一般的だ。

そうした性質上、保険会社は先ほど説明した責任準備金と呼ばれる、支払いに備えた積立金を用意し、同時にこれを原資として長期の資産運用を行う。これによって、顧客に一定の利回り（予定利率）を約束しているのだ。

生保各社が保有する運用資産の構成比を見ると興味深い。上の表を見ると、２０１０年代前半頃までは株式を減らす一方で、国債を増やしていることがわかる。

いまやほとんどの生保会社が「逆ざや」を解消したといっても、かつての契約で約束した高い利回りがいまだに負担となっている構造は変わらない。

長期間保障する生命保険は、長期の資産で運用することと相性が良い。そうすれば、短期的な金利変動に影響を受けにくくなり、経営が安定するからだ。

保険アナリストの植村信保氏は次のように分析する。

「（生保各社は）生保危機の時代から２０１０年代前半までは、国債のなかでも超長期債を増やし、保険契約との期間をマッチングさせてきた。昔の契約の予定利率は高いので、いわば逆ざやを固定することになる。それを踏まえても、金利の変動リスクを避けることを優先していた」

過去に約束した高い予定利率の保険に対して、低い利回りの国債で運用すれば、生保にとってある種の「損失」を抱えることになる。それでも、市場リスクを避ける戦略をとっていたということだ。

長期化する「異次元緩和」

だが、状況は大きく変化した。きっかけは日本銀行の大規模金融緩和だ。

2013年4月、日銀は黒田東彦《はるひこ》総裁のもと、日本国内の長引くデフレに対処するために2年でマネタリーベース（日本銀行が市中に供給する通貨の量）を2倍に増やし、2％の物価上率を達成するという「量的・質的金融緩和」を始めた。

しかし、物価目標の達成はできなかった。そこで16年1月、さらに強力な一手に打って出た。マイナス金利政策の導入を決めたのだ。金融機関が日銀に預けている預金の一部に対して、金利をマイナスにする政策である。

ここでは日銀の政策の是非は論じず、生保業界への影響を見ていきたい。

図表１-６　日銀の政策の動向

2012年12月	第２次安倍内閣発足
2013年３月	黒田東彦氏が日銀総裁就任
2013年４月	日銀が「量的・質的金融緩和」開始
2014年４月	消費税を８%に引き上げ
2014年10月	日銀が追加金融緩和
2016年１月	日銀がマイナス金利政策導入を決定
2016年９月	日銀が長期金利操作を導入

出所：筆者作成

生保各社はこれまで超長期と呼ばれる20〜30年国債を中心に運用してきた。ところが日銀のこうした緩和政策によって、利回りがぐんと落ちた。各社はすぐさま、円建ての一時払い終身保険など貯蓄性保険の新規契約を停止したり、予定利率を下げたりする対応をとった。超低金利下で現行の予定利率を維持すると、「利差益」を圧迫するからだ。

同時に、生保各社は超長期債への投資を減らす一方、その分を外国債券や株式など国債以外の資産を増やすことで対応した。国債よりも高い利回りを期待できるからだ。

マイナス金利政策を含めた「異次元緩和」が当初、「短期決戦」と見られていたのも大きい。人為的に金利を抑えた後に金利が急上昇した場合、債券価格が急落するリスクが大きいとも考えた。

図表1-7　米ドル売り円買いヘッジコストの推移

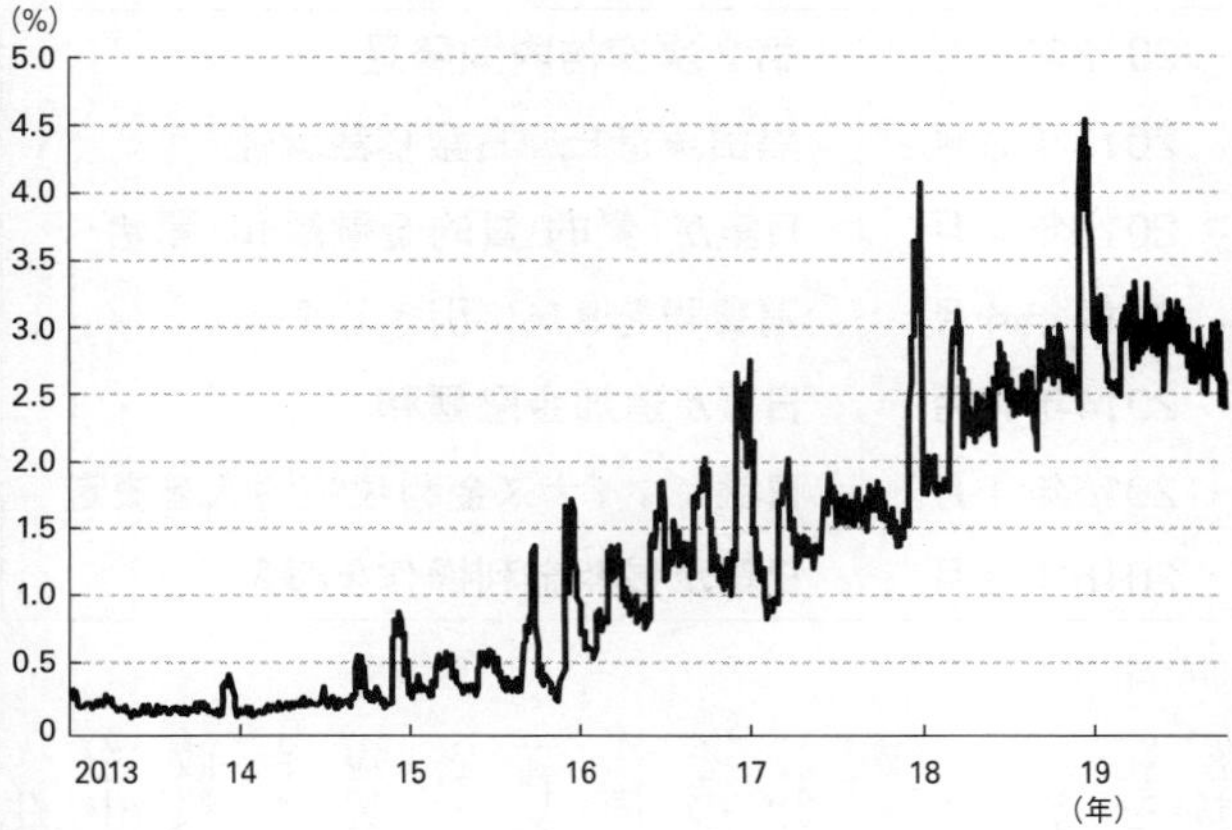

出所：筆者作成

実際に、ある生保幹部は「異次元緩和が短期である、という前提で戦略をつくっていたのは事実だ。そもそも、日銀もそう言っていたのだから」と語る。

だが2%の物価上昇の達成は遠く、想定に反して金融緩和はさらに長期化した。

外債にシフトした生保は、新たな課題に直面する。外債は円に転換する際、為替変動によるリスクがあるからだ。

このため、多くの生保は外債投資の半分以上で為替予約取引などを活用して、為替差損のリスクを回避（ヘッジ）した。ただ、これには「ヘッジコスト」がかかる。

米中の貿易戦争の激化などから世界経済の不確実性が増す。状況が一段と下ぶれた場合、

「安全資産」とされる円の需要が増し、円高になるリスクは高まっている。そのため、ヘッジを外すことは容易ではない。

ヘッジコストは２０１５年度頃まで割安だったが、徐々に上がっており、２０１８年末頃からは高止まりしている。

そして、生保の業績を見る際の大きな問題点の一つは、「基礎利益」に外債投資の（国債よりも）高い利率が反映される一方で、このヘッジコストが含まれていないことである。本章の冒頭に触れた２０１９年３月期の決算のように、ここ数年、生保各社では「最高益」や「増収増益」が相次ぐ。しかし、ここには生保各社が新たなリスクを背負い込んでいる実態は表れていない。

黒田日銀の金融緩和以降、外債にシフトした生保。ヘッジ付きの外債が一定割合を占めている。ヘッジの付かない「オープン外債」が仮に増えれば、為替リスクをもろに引き受けることになる。

こうした難題は、基礎利益の数字には反映されない。基礎利益はもはや、各社の実情を表していないようにも思える。

ある大手生保の財務企画（資産運用業務の企画部門）にかかわる幹部は、「基礎利益は、会社の成績を見るうえで、いまや弊害の方が大きいかもしれない」と認めた。

だが、それでも業界は表向き、基礎利益の多寡《たか》を誇る。

「マイナス金利時代には、会社の順位をはかるのは基礎利益ですよ」

ある生保の広報担当者にこう説得されたことがある。マスコミは生保各社の順位を表にして掲載する。私がその順位を考えていた際の出来事だ。いま思うと、その人は「確信犯」だったのかもしれない。先ほどの生保幹部は、「内部ではヘッジコストを反映した、より実態に近い指標がある。それを見ると、決して楽観視できる状況ではない」と話す。

こうした現状に、金融庁も危機感を持つ。２０１９年2月、事務方トップの遠藤俊英長官は生保各社の幹部を集めた意見交換会でクギを刺した。「最近のドル円の為替ヘッジコストの上昇は、外国証券による運用成果にも大きな影響があるものと考えている」

生保各社は難しいかじ取りを迫られている。

商品戦略の観点からすれば、厳しい環境といえども、魅力のある商品を開発しなければならない。そうしたなかで、「生保側がリスクをとる」タイプと「顧客にリスクを転嫁する」タイプの2種類に戦略を区別できると私は考えており、それぞれに課題を抱えている。

予定利率を保障する貯蓄性タイプの保険商品は、各社が金利リスクを抱える。バブル期のような異常に高い利回りを約束して「逆ざや」を抱えるのは論外だが、少しでも高い利回りを顧客に保証し、より良い商品をつくるのは重要な企業努力だ。

だが、とくに国内が超低金利である現況では、外国証券への投資を増加させるなど、よりリスクの高い資産運用に向かうしかない。ある生保はより高い利回りを求めて、運用対象を海外の不動産などに振り向ける動きが出ている。それが裏目に出たときの経営リスクも軽視できない。

遠藤長官は意見交換会でこうも言っている。

「国内において低金利環境下が継続するなか、外国証券への投資を増加させる動きが継続し、一部生保では、より高い利回りを求めて、海外クレジット・リスクを選好する動きが見られる。リスクが顕在化した際には保険会社の財務にも影響を与えるのではないか」

一方で、市場のリスクを顧客に転嫁しようとする戦略もある。そうすれば、生保自身は市場リスクを回避できる。その場合、保険商品は投資の色彩をより強く帯びる。

すると、生保は新たな課題を背負い込むことになる。ある中堅生保の内部資料では次のように分析されていた。

「投資性商品の販売は、市場リスクを顧客に転嫁するが、その代わりに保険会社は人的リスクや法的リスクといった定量化不能なリスクを抱える。このようなリスクは、顧客本位の文化のもと、しっかりとした教育態勢、販売態勢および顧客サービスが構築されないかぎり、とるべきではない」

第2章で見ていく外貨建て保険は、まさに生保がこうしたリスクを負った結果、業界のイメージダウンにつながっていった側面がある。

トップラインへの執心と横並び意識

先ほど基礎利益について説明する際、生保会社は順位をとにかく気にすると書いた。その代表が「トップライン」（売上高）をめぐる執心だ。このトップラインをどう定義するかは意外と難しいのだが、近年はおもに「保険料等収入」が用いられる。

保険料等収入は、文字通り顧客から実際に払い込まれた保険料（再保険を含む）による収益を指す。しかし、この概念も基礎利益と同様、生保の実態を適切に表現したものではないとの批判が多い。

理由の一つが、企業年金などの「団体年金保険」が含まれることだ。企業の年金基金などから預かったお金を運用し、手数料をもらう業務だが、その年に預かった資産が多ければ売上高が増えるというのは違和感が残る。また、加入時に一括で多額の保険料を受け取る貯蓄性保険を多く売れば、保険料等収入は簡単に伸びる。銀行の預金受け入れ高をもって「トップライン」「売上高」と呼ぶ人がいないことを見ても、保険料等収入をトップラインと見なすことのおかしさがわかるだろう。

それでも、マスメディアを中心に、保険料等収入で各社が順位づけされる。これは、記者として私自身も反省しなければならない。

日本国内に生保は42社ある。なかでも、日本生命保険、第一生命ホールディングス（中核子会社は第一生命保険）、明治安田生命保険、住友生命保険が「大手4社」とされる。T&Dホールディングス（中核子会社は太陽生命保険と大同生命保険）を含めた大手5社という言い方もある。富国《ふこく》生命保険、朝日生命保険、ソニー生命保険などは「中堅生保」、プルデンシャル生命保険、メットライフ生命保険、アフラック生命保険などは国内大手並みの規模で「外資系生保」と呼ばれる。

これらの順位は基本的に、トップラインの規模で決まっている。そのため、とくに大手を中心に、保険料等収入に対する業界のこだわりは極めて強い。

生保業界で知られる、象徴的なエピソードがある。

2015年3月期決算で、第一生命が保険料等収入で日本生命を抜いた。これは戦後初めての事態だった。すると、日本生命の幹部は日本銀行で開かれた決算説明会にて、「重く受け止めている。国内ナンバーワンにこだわる」と明言したのだ。

その後の2015年末、日本生命は三井生命を買収。首位を奪還した。

前出の植村氏は「保険料収入だけで生保の業績を語ろうとすると、企業年金等の資金受け入れがあったか、一時払いの貯蓄性商品が売れたかどうかを追いかけることになってしまう」と指摘する。後の章で触れる「外貨建て保険」や「節税保険」は、まさに保険料等収入を簡単に伸ばせる商品だった。しかし、生保の収益に本当に貢献しているのか、疑問も多い。

生保業界の特殊性はこれだけではない。他社の動向を過剰なまでに気にし、横並び意識が非常に強いことも挙げられる。

生保業界は岐路に立っている。これまで述べてきたように、貯蓄性保険の魅力が低金利によって低下していることに加え、人口減などによって、そもそも保険へのニーズが飽和しつつある。これは根源的な問題でもある。

こうしたなかで、貯蓄性商品をメインにしていた一部の生保が、生死や傷病などのリスクに対する保障を目的とした「保障性商品」へとかじを切る動きもある。医療保険やがん保険など「第三分野」といわれる分野では、大手・中堅・外資が入り乱れて競争が激化。収益性の悪化も懸念されている。

生保業界ではある社が商品を投入し、それがヒットすると各社が似たような商品をこぞって販売し、すぐに「過当競争」のような状況が生まれる。飽和状態のなか、それでも業界各社はトップラインを追い求め、横並びで競い合う。それがときに、無理な商品開発や顧客のニーズを無視した販売につながっていると私は感じている。

監督当局・金融庁の「7つの原則」

保険業界の動向は、監督官庁である金融庁を抜きにしては語れない。規制業種として、保険は銀行以上に金融庁の意向に左右されているように見える。

金融庁は近年、自らの姿を大きく変えている。形式上の健全性よりも、むしろ、ビジネスモデルやガバナンス（企業統治）や企業文化など、金融機関の持続的な成長について関心がある。金融機関の経営陣などと対話を重ねるなかで「気づき」を与え、ともに考えていこうとしている。

とくに金融業界にとって強い「縛り」となっているのが、「顧客本位の業務運営」だ。2017年3月、金融庁は7つの原則を定め、公表した。

①顧客本位の業務運営に関する方針の策定・公表等
②顧客の最善の利益の追求
③利益相反の適切な管理
④手数料等の明確化
⑤重要な情報の分かりやすい提供
⑥顧客にふさわしいサービスの提供
⑦従業員に対する適切な動機づけの枠組み等

要は金融機関に対して、「自分たちの都合で金融サービスをするのではなく、顧客本位で業務を運営してくださいね」という原則を示したのだ。

もっとも、金融庁は「プリンシプル・ベース」のアプローチであることを強調する。金融機関に規制の網をかけて、形式的に一律で従わせる「ルール・ベース」ではなく、各金融機関の置かれた状況に応じて、「顧客本位の業務運営」の趣旨・精神を自ら咀嚼《そしゃく》したうえで、実践していくべきだとしている。

すなわち、各機関は自らの行動をきちんと説明できなければならない。それも、当局を納得させるためのものではなく、顧客にとって合理的な根拠が必要だ。合理的な説明ができない場合は、対応の再考が迫られる。

金融庁の打ち出した取り組みに対して、賛同したり、話をそらしたり、ときに反発したり……。業界はその都度、対応を考える。

もちろん、各社で一枚岩ではない。国内系・外資系、大手・中堅、代理店中心・専属職員中心などさまざまに利害が分かれる。それでも、基本的には業界が一体となり、問題に対処しようとする。

生保業界の場合、東京・日比谷のビルの一角にある生命保険協会が総本山となる組織だ。協会の会長行は現在、日本生命、明治安田生命、住友生命、第一生命が1年ごとに持ち回りで担当し、当局への窓口対応を担ったり、その年の重点項目を打ち出したりしている。

保険業界の取材をしていると、重要になるのが協会の下部組織である各種の「部会」だ。

たとえば「業務企画部会」。会長行の担当社とは別の社（これも大手4生保が担当）が部会長を務める。「顧客本位」を掲げる金融庁が、保険販売に関して抱く問題意識に対して、業界がどう対応するか。こうした課題はおもに、業務企画部会で話し合われるのだ。

部会も当然、一枚岩ではない。

自社の利害を背負った各社の担当幹部らがときに白熱したバトルを繰り広げる。ある社が部会長社を務めていたときには、部会をまとめきれなかったことが理由で人を交代させられたこともあるほどだ。

第２章　安心を奪う「外貨建て保険」

「禁じ手」の手書きメモ

「定期預金で置いておくよりも良い商品がありますよ」

2017年の初夏。都内に住む70代後半の伊藤俊子さん（仮名）は大手信託銀行の女性行員から、こんなうたい文句で勧誘された。

その年の春に夫が亡くなり、生命保険の死亡保険金4500万円を受けとった。それまで夫の相続対策などで付き合いのあった女性行員に何気なくその話をした。彼女が自宅を訪ねてきたのは、それからほどなくしてだった。

長年連れ添った夫は、病死直前まで働いていた。夫の死により伊藤さんの現金収入は年金くらいになったので、死亡保険金として入ったお金は投資ではなく、おもに余生の生活資金に充てるつもりだった。

それでも、伊藤さんは漠然と「そのまま預金に置いておいても仕方ないのかな」と思っていた。

そんな伊藤さんに、女性行員が提案した商品は一つだけだった。

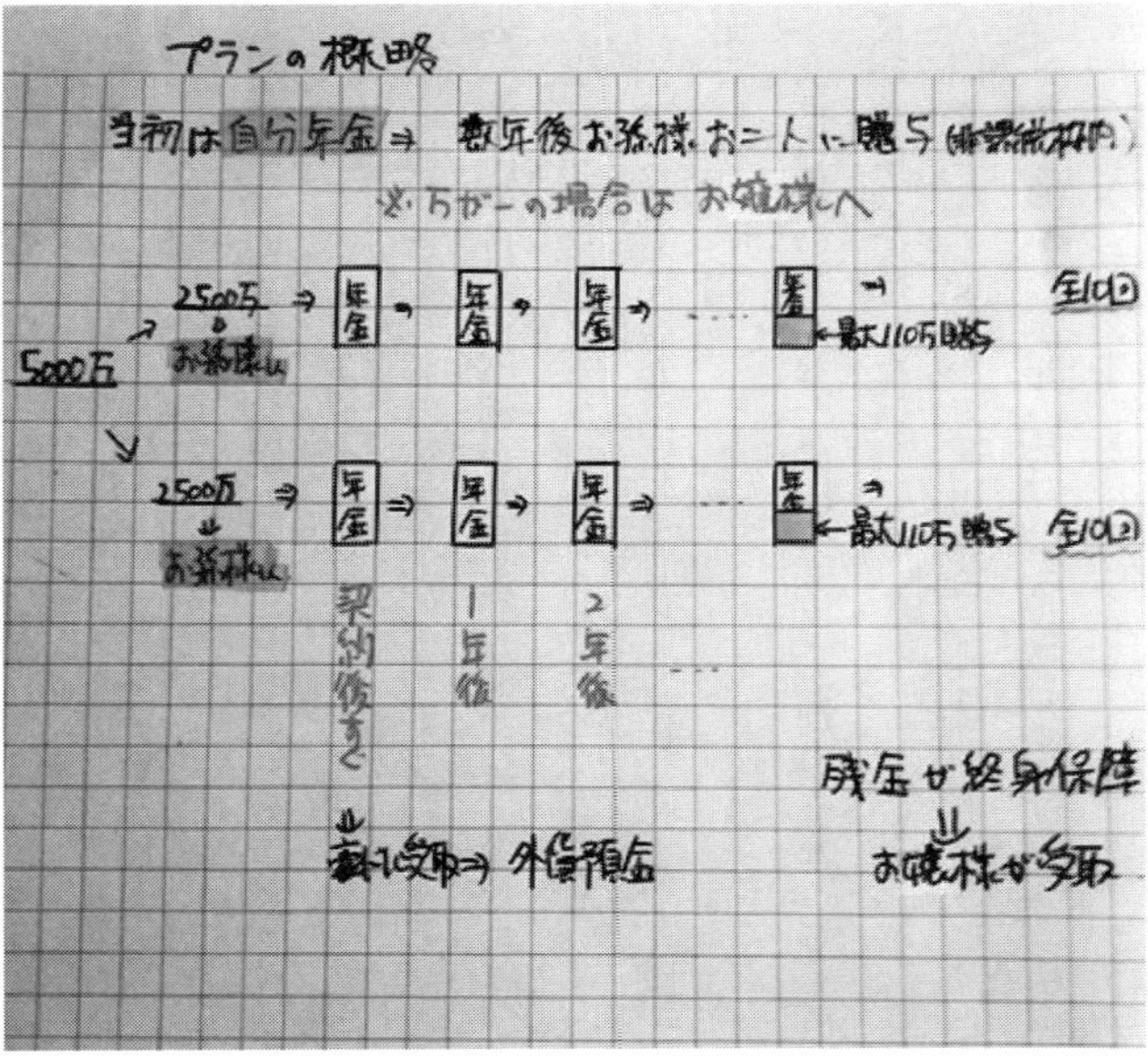

実際の手書きメモ

豪ドル建ての一時払い保険。ポエムのような商品名とは対照的に、商品性は難解だった。その中身は損保系の生保が発売した保険商品で、まず契約通貨を米ドルか豪ドルかのどちらか選ぶ。その後は満期が来るまでに「生存給付金」と称して、定期的にお金が振り込まれる。自分で使ってもよいし、「生前贈与」として受取人を家族にしてもよい、というものだった。

「わかりやすいようにこれをつくってきました」

後日、内容をよく理解できな

い伊藤さんに対して、女性行員は手書きメモを持参してきた。

「プランの概略」と書かれたそのメモには、油性ペンで「自分年金」と書かれている。定期的に「生存給付金」が支払われること、「生前贈与」として受け取り人を孫に変更できること、万が一の場合は長女にあたる「お嬢様」に保険金が支払われることなどが、わかりやすく示されていた。蛍光ペンを使い、視覚的にもイメージしやすくなっている。

「安心感」を一見誘う資料だが、為替変動による「元本割れリスク」や「多額の手数料」など、商品の持つ「不都合な真実」は一切、書かれていない。最初に円から豪ドルに変換することさえ、そのメモでは触れられていなかった。

「預金よりもお金が増えますよ」「満期までにお金が何回か定期的に振り込まれ、生活費に充てられますよ」

女性行員のこうした説明もあり、伊藤さんは最終的に「自分の老後の生活資金には都合が良いかな」と感じた。

円ではなく豪ドルで運用することは理解できた。心配だったので、念のため「損をすることはあるのか」と聞いた。すると、女性行員は「私が見ていて、損がないような時期を選びます。そのときに円に替えて下さい」と話したという。

伊藤さんは2017年8月、夫の死亡保険金全額と預金の一部を加えて、この保険の契約を結んだ。保有する金融資産の6割以上にのぼるものだった。

このケースのように、「手書きメモ」をあたかも募集資料のように営業現場で使うことは、本来「禁じ手」とされる。生保は一般的に、自社で審査・登録した資料以外を保険商品の募集に使うことを内規で禁じている。最悪の場合、保険業法違反となりうるからだ。

たとえば、日本生命では「お客様宛文章作成要領」という社内規定を定めている。そのなかで、「保険の提案内容をお客様に説明するため、拠点長または営業職員が独自に募集ツールを作成することも厳禁」としている。営業で使われる募集文章は同社に設置された「募集時顧客説明文書審査会」において、厳正にチェックされるという。

生命保険協会が作成する保険募集人向けテキストにも、「(生命保険会社内で)審査・登録された募集資料を使うことが重要です。無登録の募集資料を使用してお客様の誤解を招いた場合は、保険業法違反等に問われることもあります」(括弧内筆者)と明記されている。

実際にはその場で、保険の仕組みなどを手書きで説明することも多いが、必ず回収している。

女性行員が作成した手書きメモは、その丁寧な書き方から判断するかぎり、事前に入念に用意した文書だろう。

たとえ「よりわかりやすく」という「善意」による行動だったとしても、為替変動など、顧客にとって重要なリスクが一文字も書かれていない時点で、悪質といわざるを得ない。

契約直後の1年目から「生存給付金」として、伊藤さんの口座に豪ドルが振り込まれたが、円に替えずに放っておいた。

その1年後に2度目の給付金が振り込まれた。孫に贈与しようと考え、女性行員に告げると、「お孫様の豪ドル口座が必要です」と言われた。

このとき伊藤さんから連絡を受けた50代の長女は、「母はいったいどんな金融商品に手を出したのだろう」と不審に思い、詳細を調べた。そこで外貨建て保険に加入していたことが発覚。伊藤さんはそれまで、保険に入っていたという認識すらなかったという。

豪ドルで支払われた「生存給付金」を円換算するといくらになるか銀行に尋ねると、その時点で6％程度、為替差損が発生していたことがわかった。

生存給付金は決まった年に振り込まれる。

老後生活のために頼りにしていた資金が、目減りしかねない――。伊藤さんはそれから寝られない日々を送ることになる。

退けられた訴え

「どれだけ損をするかわからない。解約するしかないのか」

不安に押しつぶされそうな伊藤さんを長女はなだめた。

なぜなら、外貨建て保険は設定した満期の前の一定期間内に解約すれば、「解約控除」として多くの金額が積立金から差し引かれ、それこそ「元本割れ」してしまうからだ。

長女は、外貨建て保険のパンフレットを見ながら、為替リスクや手数料などを改めて説明してみた。すると、伊藤さんはほとんど理解していないと判明した。

「あまりにも基本的な情報なのに……。こんな状態で銀行員はどうやって契約させたのだろう」と長女は憤る。

それから長女はこの商品を販売した銀行と、保険を引き受ける保険会社に対して、「契約無効」を求める行動を起こした。

まず金融庁に電話したが、「うちでは答えられないので」と「生命保険相談所」を紹介された。ここは、第1章にも出てきた生命保険協会が設置した相談窓口だ。保険契約者などからの生命保険に関する相談を受け付け、苦情の解決に向けた支援を行う。

長女は当初、銀行側から「保険会社には言わないでください」と「お願い」されたという。だが、生保相談所からは「銀行の要求に従ってはいけない」との助言を受けた。

長女はその後、生保相談所のアドバイスに従いながら、保険会社や販売した銀行の担当者に直接会い、交渉した。手書きメモなどを見せながら、いかに不適切な説明をしたか、伊藤さんが元本割れなどのリスクを認識していなかったかなどを主張。1カ月以上、交渉を続けた。だが2018年11月、この生命保険会社が社内に設置する「お客様相談室」から、一通の書面を受け取った。

内容はおおむね次のようなものだ。

【お申し出内容】
・為替リスクに対し説明がなかった。
・外貨送金で発生する手数料だけでなく、すべての手数料に対し説明がなかった。
・生命保険であることの認識がなく、信託銀行で取り扱いしている商品と思っていた。
【ご要望事項】

・契約を取り消し、保険料を返金してほしい。

一方で銀行側の主張も明記されており、長女側と真っ向から対立している。

銀行側は販売時の説明が適切だったとする証拠に、「ご意向把握アンケート」や「意向確認書兼適合性確認書」（以下確認書）を挙げる。

この確認書は、保険商品の申し込みにあたっての留意点を記し、いくつかの質問に答えさせるチェックシートのようなものだ。

そこには「家族の同席が必要か」「申し込み前に検討する時間が必要か」といった項目が記されており、伊藤さんはいずれも「必要ない」としていた。また、「申し込み前に注意喚起情報を確認したか」という項目には「確認した」にチェックをしていた。

銀行側は、こうしたチェックや署名が確認書にあることを強調した。さらに行員への聞き取りなどによって、商品の説明に関しても、「わかりづらい内容の箇所は数回にわたり説明した」と主張した。

回答書にはこうした銀行側の主張が明記されたうえで、最後には、生命保険会社側から「弊社見解」が述べられている。

所要の事実確認からは伊藤様の【お申出内容】を裏付けるような客観的な事実は認められませんでした。募集人が当該保険募集において、不適切な取扱を行った事実を確認することもできませんでした。

なお、いただきました手書きの資料、および電話の録音については、当該契約の有効性には影響を与えるものではありませんでしたことも申し添えさせていただきます。

長女は「(母は)行員に言われるがまま、書面にチェック印を書いただけ。細かく内容を読むわけがない」とも訴えた。だが生保側が強調したのは、伊藤さんが「わかっていないとする客観的な根拠がない」というものだった。確認書への形式的なサインなどがあるかぎり売る側の推定無罪で、それを突き崩す根拠がないというものだ。

矛盾する音声データ

銀行側ともめ始めた時期、伊藤さんは女性行員と電話をしている。その音声データを一部紹介したい。先ほど「有効性に影響はない」とされたものだ。

伊藤さん「去年の契約をしたとき、為替の変動で円が損することあります？　と聞いた。損しない時期をお教えしますと言いましたよね？」

女性行員「ええ」

伊藤さん「今年はだいぶ、円高に進みましたよね。しばらくは続くんじゃないですか？」

女性行員「米中の貿易問題で、円高が長く続いてタイミングがなかったといいますか……」

伊藤さん「誰でも見越せないのではないですか。生活費で使いたいし、どうしたら良いと思う？」

女性行員「今日なんか（円安に）戻ってきましたし、貿易問題が落ち着くともう少し戻ってくると勝手ながら思うわけなのですが……。今回の問題では、私の（相場の）見方をお伝えしては駄目な状態になっておりまして、上司の方からとなっておりまして。気持ちではいろいろお話ししたいのですが……」

ここでは女性行員が「損をしない時期を私が教える」と言っていたことを認めている。伊藤さんがこの商品を購入する際の安心感にもつながっていた。そのうえで、いざトラブルになると、「自分の見方を教えては駄目となっている」と言い放っている。驚くべき、矛盾だ。

行員はこうなることを予測できなかったのか疑問である。むしろ、顧客とトラブルになったとしても、こうした逃げ道があると承知のうえだったのだろうか。

長女は、裁判より迅速《じんそく》で手続きが簡易なADR（裁判外紛争解決手続き）も検討した。だがそれでも、費用も時間もかかる。80歳間近の高齢の母が心労に耐えられないとも思い、諦めた。

伊藤さんは後悔とともに銀行への不信感を抱いている。「銀行なので、まさかこんなにリスクの大きい商品を売るとは用心しなかった」

長女は言う。「高齢者にとってはオレオレ詐欺と同じ。銀行だから信頼、信用できると思うのは大間違い。むしろ高齢者の銀行に対する信頼感を悪用している。高齢者特有の自信過剰や高いプライド、まだまだ自分自身で判断できるはずと思いたい心理につけ込んでいる」

外貨建て保険の落とし穴

生保各社は近年、外貨建て生命保険に力を入れている。日本国内の金利が超低水準で、銀行の定期預金にはほとんど金利がつかない。そんななか、「高利回り」の金融商品として、生保や銀行を中心に売り込みが盛んになっている商品だ。

実際、銀行による販売件数は急増している。業界のまとめによると、２０１８年度の新契約件数は約78万件で、14年度と比較すると約２倍増だ。保有契約数も約79万件から３１６万件と、約４倍に増えた。販売額も18年度には約４兆円に上った。

外貨建て保険の多くは「一時払い型」と呼ばれる。加入の際に保険料を一括で払うタイプのことだ。

多額の資金をまず、米ドルや豪ドルなど外貨に替える。それを保険料として保険会社に一括で払い、生保はそれを外債などで運用。５年や10年などの事前に設定した満期時や死亡時などは利回りが上乗せされた外貨を顧客は受け取る商品が一般的だ。保険の体裁をとるが、実態は資産運用目的の金融商品だ。

退職金や、親族が亡くなった際の死亡保険金など、比較的多額のお金が入ってきたタイミングでの加入が多い。契約者も中年層から高齢層が大半だ。

こうした多額のお金はまず、銀行口座に入るのが一般的だ。銀行は預金口座の出入金をつねにチェックしている。大きな入金があると、銀行の担当者が自宅にやって来たり、電話をかけたりして勧誘する。最も多い文句は、「預金のままではもったいないですよ」というものだ。

千葉県に住む60代の会社経営者の男性は2015年、3千万円の外貨建て保険に契約した。預金先を地方銀行から大手銀行に変えた矢先に、行員が勧誘に来たという。そもそも地銀から預金を移したのは、「投信の勧誘があまりに激しくて腹が立ったから」だった。

大手銀行の担当者から、「為替で変動しますが、高利回りで損はさせません」と言われ、その言葉を信じたという。

その後、為替で損が出ているとの通知を受け取り、慌てて銀行に電話した。行員につないでもらおうとすると、「その者は転勤した」と言われた。転勤先を聞こうとしたが、「銀行の規定で教えられない」の一点張りだったという。

この男性の場合、申し込みの際の説明が適切だったのかという疑問以上に、その後のアフターフォローがずさんなことが指摘できる。銀行側の不誠実な対応が顧客の不信感を増幅させることもよくある。

この銀行は朝日新聞の取材に、「個別案件は回答できない。為替変動などリスクの説明は適切に行っている。『損はしない』といった勧誘も一切していない」（広報担当者）としている。

後述するが、外貨建て保険の販売は銀行にとっても非常にうまみのある商売だ。自行の預金口座に入った現金を保険商品に変えるだけで、多額の手数料が得られる。外貨建て保険では、支払い保険料の３～８％が一般的だ。なかにはそれ以上の商品もある。１千万円の契約で30万～80万円が手数料として入ってくる。こんな「おいしい」話はない。

だが外貨建て保険は、一般の人にとって簡単な商品ではない。

まず、為替変動のリスクが挙げられる。

たとえば、円相場が1ドル＝１００円のときに、１００万円（1万ドル）の保険料を一括で支払って、10年満期で１・２万ドルの保険金を受け取る外貨建て保険に加入したとする。このとき1ドル＝80円と円高ドル安になっていると、円に戻したときの受取額は96万円となり、「元本割れ」となってしまう。

現在、円建ての貯蓄性保険の予定利率は0％台が一般的であるなか、外貨建て保険は2％台が多い。一見すると魅力的だが、結局、ドルから円に戻すタイミングで目減りし、損失が出る可能性もある。

ある銀行窓販を担当する大手生保の幹部にこの点を尋ねてみたところ、「奇妙な」回答を聞いた。

私「生命保険で、為替リスクにさらされるというのは何だかおかしくないですか？」

幹部「満期になったとき仮に為替が円高になっていたら、その国の通貨で持っていたらいい。いまはこれだけグローバル化している。孫が海外留学に行くかもしれない。その際に使える」

投資商品としては、こうした考え方もあり得るのだろう。ニーズがまったくないと全否定するつもりはないが、もはや保険である必要があるのか、正直いって私にはよくわからない。

図表2-1　外貨建て保険の「為替リスク」

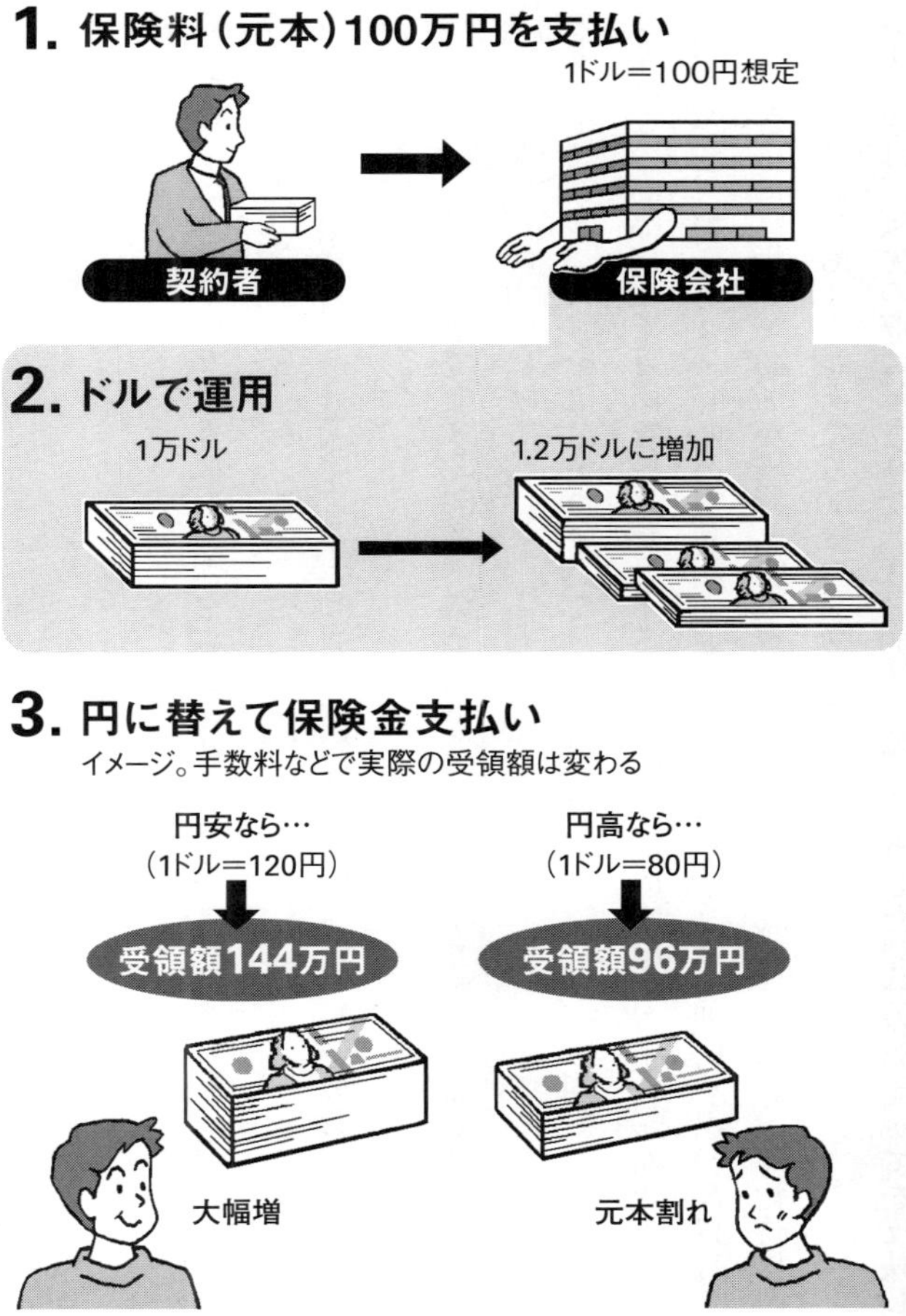

出所：筆者作成

隠されるリスクと手数料

外貨建て保険は為替リスク以外にも、さまざまなリスクやデメリットがある。以下、実際にある商品に即して説明する。

ある大手生保が銀行などで２０１８年末ごろに販売していた一時払い外貨建て保険では「予定利率」が明示されていた。

それによると、米ドル建てで３・60%。低金利下で預金も円建て保険も利率が０%台がほとんどであるなか、魅力的に映る。

だが実態を知ると、誤解を招きかねないことがわかる。

たとえばこの商品に１千万円を投じたとする。まずドルへの交換に、１ドルあたり50銭の手数料がかかる。加えて３・８%の「契約初期費用」。この多くは代理店を担った銀行への手数料だ。さらに毎年０・43%が維持・管理費として別途引かれる。しかも、解約時に円に交換すると、これにも１ドルあたり50銭の手数料が発生する。

注意すべきは、販売の際に示された「３・60%」は、こうした諸経費のすべてを反映しているわけではないということだ。

それ以上に注意が必要なのは、複雑な用語がたくさんあることだ。「積立利率」「予定利率」「返戻率《へんれい》」――。外貨建て保険の「利回り」を説明する際に用いられる用語は、さまざまな商品でばらばらだ。外貨建て保険でよく使われる「積立利率」も、保険料から手数料などを差し引いた部分に適用される。驚いたことに、同じ生命保険会社のなかで、「積立利率」という言葉を商品ごとに異なる定義で使っているケースすらあった。

金融庁が２０１８年9月に公表した、行政方針などをまとめた「変革期における金融サービスの向上に向けて」という文書では、「定額の外貨建保険等の『積立利率』は定義が商品によって異なるものの、募集資料でその定義を明確に説明している社はほとんどない。したがって、これを顧客が実質的な利回りと誤認しているおそれもある」と指摘されている。

ここでいう「実質的な利回り」とは、それまで支払った保険料に対する運用利回りだ。つまり、顧客が保険に支払ったお金に対して、戻ってくるお金にどれだけプラスが発生するかがわかる。一般の人からすれば、何より一番知りたい内容だ。

金融庁が調査した結果、実質的な利回りが、表示された積立利率よりも0・64～0・75ポイント低い商品もあったという。顧客が一番知りたいであろうこの数字だけを出さない社もあった。「一部の商品では性質上、それが出しにくい」（大手生保の広報担当者）と説明するが、「顧客本位」でないことは明らかだ。

こうした不透明な利回りの説明について、金融庁は深刻に捉えていた。募集資料の見直しという形でメスが入り、生保各社は２０１９年４月から、「実質利回り」を開示したわかりやすい募集資料の提供をようやく実施する方向になった。ただ、本当に実施するかは最終的に各社の裁量にゆだねられている。

外貨建て保険の注意点はまだある。中途解約のリスクだ。

代表的なものが「市場価格調整（ＭＶＡ、Market Value Adjustment）」による損失リスクである。

外貨建て保険に加入した際、その国の市場金利がたとえば１％だったとする。契約者がどうしてもお金が必要となり、途中で解約したとする。商品加入後の経過期間にもよるので一概には言えないが、このとき市場金利が１％を上回っている場合、解約で戻るお金から一定額が差し引かれてしまうのだ。

なぜだろうか。顧客からドルなどの外貨で保険料を受け取った保険会社は、それをもとに、その国の国債や企業の債券などで運用するのが一般的だ。

非常に単純化していえば、生保が金利１％の債券を購入して運用していたとする。契約者が保険を解約すると、その債券を売却し、現金にしないといけない。市場金利が上昇すると基本的に債券価格は下落する。そのため、生保が保有する債券は購入当初よりも価値が下がっている。その目減りした分を契約者に負担させているのだ。加えて「タイムラグ・マージン」といわれる為替リスクに備えた手数料が含まれており、仮に金利が同等でも積立金から一定額が差し引かれる。

中途解約ではそれ以外にも、契約後一定期間は「解約控除」の名目で一定額が積立金から差し引かれる。満期での利回りを約束することの裏返しともいえるが、中途解約すれば元本割れになりうる。外貨建て一時払い保険に入るということは（貯蓄性保険全般にいえることだが）、基本的に投資資金を途中で解凍できない「冷凍保存」状態にするということなのだ。

国民生活センターの危惧

販売が拡大する外貨建て保険について、これらの懸念が次第に示されることになった。きっかけは残念ながら業界内部からではなく、やはり外部からの声だった。

図表2-2　外貨建て保険のおもな注意点

為替変動リスク	円に戻す際、円高ドル安の場合、為替差損が発生する可能性
解約控除	一定期間内の中途解約で積立金から一定額が差し引かれる
MVA（市場価格調整）	金利上昇時に中途解約で目減りの可能性
各種手数料	契約初期費用や維持手数料、両替手数料など
クーリングオフ	ドル円両替コストなどは対象外

出所：筆者作成

２０１７年12月、国民生活センターが保険商品の「銀行窓販」についての報告書を公表した。「保険商品の銀行窓口販売の全面解禁から10年を迎えて―新たに外貨建て保険トラブルも―」と題した短いレポートだ。

国民生活センターはこれまでも、銀行窓販に関する相談事例を紹介し、消費者へたびたび注意を呼びかけてきた。２００５年、２００９年、２０１２年とじつに3度に上り、そのすべてで高齢者のトラブルを取り上げている。

銀行で保険商品の販売が始まったのは２００1年。当初はリスク性の高い商品を売ることとは規制されていたが、販売可能な範囲は徐々に広がっていき、２００7年12月には全面解禁された。

この「全面解禁」から10年経ったのを機に、国民生活センターが改めて注意喚起を行ったのが最新のレポートだ。中心テーマは外貨建て保険で、同センターに寄せられた相談事例などを紹介している。そのなかに、同センターが月1回配信する『国民生活』というWEB冊子にてその後の保険会社の対応まで追ったケースがあったので、要約して引用したい。

銀行の窓口で500万円を定期預金にしてほしいと伝えお金を渡した。その際に窓口の職員から『普通預金口座に入れておくので、来週もう一度来てほしい』と言われたので、次回定期預金の書類を渡してもらえると思っていた。

翌週、銀行に出向いたら別室に案内され、銀行の職員などから何やら勧誘を受けた。定期預金の書類を受け取りに来ただけなのに、どうして勧誘をするのかと不思議に思ったが、差し出された書面に署名し押印した。

帰宅後、資料を見た家族から『外貨建ての終身保険契約をしたことになっている』と言われて驚いた。また、クーリング・オフをすれば契約をやめることができると聞き、投資経験もなく投資性の強い生命保険の契約をするつもりはないので、すぐにクーリング・オフの手続きをした。しかし、クーリング・オフをした後、返金は支払った500万円ではなく外国通貨で行われるため、今その外国通貨を日本円に替えると外貨交換の手数料に加えて為替差損分の損失が出るという説明が保険会社からあった。納得できない。

以上、70代の無職男性の苦情内容を引用した。この男性の言う通りなら、ほとんど詐欺と変わらない手口だ。いずれにせよ、このケースではクーリング・オフに関してもトラブルとなっている。

クーリング・オフは、特定の商取引で、契約を結んだ後でも一定期間内であれば解除できる制度のことだ。普通は全額が返金されるイメージを抱くと思われるが、外貨建て保険では「円入金特約」と呼ばれる特約を付けた場合などを除き、円から外貨に両替した手数料やそのときの為替差損は当人の負担となってしまう。「円を外貨と変える取引と、外貨建て保険の契約は別行為である」というのが言い分だ。

だが大半の人は、セットで手続きをするのであって、別々とは認識していない。保険以外の商品では、たとえば返送料金は業者側が負担するのが普通だろう。外貨建て保険に関しては、非常におかしな状態になっているといえるのではないか。

このケースでは国民生活センターが保険会社に対して、本人への意向確認が適正に行われたかなどを確認した。すると、「この種の手続きは業界団体のADR手続きでお願いしたい」などと主張してきたという。

国民生活センターは「ADRの前に、消費者の負担が少ない当センターのあっせんで話し合ってもらいたい」と「合意点を見つけるための話し合いを続けた」という。

しかし銀行側の対応はにべもない。

「生命保険の勧誘・説明等に問題はなく、お客様の商品理解度、意向把握、説明義務、高齢者対応、適合性のいずれにも問題はない」という内容だった。

自分たちにはまったく誤りがないとするスタンスにも驚くが、銀行の回答では「当方の認識とお客様の申し出との内容が大きくかい離していることは遺憾である」とまで言い切っている。

このケースでは、国民生活センターとしても、よほど不信感が残ったのか、「銀行によるさらなる調査などを踏まえ、両者の話し合いが必要だ」と考えたと記されている。だが、高齢者の側から「納得はできないが、交渉が長引くのは望まない。為替レートの状況を見て、日本円に交換する」との連絡が来たという。完全な「泣き寝入り」だ。

内部資料に表れる実態

2018年7月、生命保険協会の会長に就任した稲垣精二氏（第一生命保険社長）は記者会見を開き、所信を述べた。

「人生100年時代を見据えた金融リテラシーなどの教育推進」「デジタル社会を見据え、生命保険業界としてお客さまの利便性のさらなる向上などに資する取り組みの推進」……。次々と、重点取り組み項目が説明されていく。だが、外貨建て保険のトラブル対策に関して語られることはなかった。

その後の質疑応答で、国民生活センターの分析結果を踏まえて、外貨建て保険の販売をめぐる対応について記者から聞かれると、次のように語った。

「元本割れリスクの説明充実など、しっかりとご説明するという、自主ガイドラインの改定はすでに対応済みだ。銀行窓口で販売に携《たずさ》わる職員向けの共通の教育教材の見直しも検討している。生保協会と全銀協（全国銀行協会）との意見交換も実施済みであり、今後も継続してその課題の認識の共有や対応の検討につなげてまいりたい。非常に大きな課題として我々も取り組んでいる」

「実施済み」「対応済み」という文句が目立つ内容だった。もちろん、改善に向けて対応してきたのは事実だろう。だが、この頃、生保業界がある情報を表に出さずにいたことを、私は後に知ることになった。

「大事なことが隠されていた」

後から考えると、こう思わざるを得ない。

それは、ひょんなところからわかった。2018年冬頃、外貨建て保険の募集資料（パンフレット）をめぐって金融庁と生保業界は議論していた。先ほど少し述べた、実質利回りの開示の話だ。

その折で私は、金融庁が生保各社の募集資料についてある種の「ひな型」を示すために作成した資料を入手した。そこに、外貨建て保険に関する苦情件数の推移が記載されていたのだ。しかも出典が「生命保険協会」とあった。

以前、私が生保協会にそうした数字があるか尋ねた際、「国民生活センターが外貨建てを含めて銀行窓販の苦情を公表しているだけだ」との回答を得ていた。

「おかしいぞ」と思いながら取材に駆け回っていたのだが、ようやくその存在を確認することができた。

「国民生活センターからの情報提供を踏まえた苦情分析結果」

生命保険協会がつくった内部資料だ。パワーポイント形式の文書で、二つあり、それぞれ日付は異なる。２０１８年5月と、２０１８年12月だ。

それによると、17年末の国民生活センターによる公表を受けて、「生命保険協会および会員各社にて受け付けた、銀行等窓口販売に係わる苦情分析及び取組み事例の収集を実施した」とある。

調査は生保41社が対象。それぞれ、２０１８年2～3月、10～11月の2度にわたりアンケートを実施したという。そこには外貨建て保険に関する「不都合な真実」がこれでもか、とばかりに記されていた。

「外貨建て保険・年金」の17年度の苦情件数は、前年度比12・3％増の２０７６件。5年前の６２６件から約３・３倍となった。

これには最も腹がたった。新聞では、ある問題事象を取り上げる際、全体の件数などマクロデータがあるかないかで、記事のインパクトが変わってくる。数字が大きければ当然、紙面での扱いも大きい。上司から「それってどれくらい起こっているの?」と言われることは日常茶飯事だ。

私自身、問題を現場レベルで把握しつつも、外貨建て保険の問題の全体像をどう報じるか、壁にぶつかっていたのだ。

「やっぱりあるのか」

だからこそ資料を見ながら思わず、声に出していた。

内部資料はさらに詳しい。「苦情発生率」も定期保険など投資性の低い「特定保険契約以外」と比べて、「外貨建て保険・年金」は2倍以上高かった。

苦情内容を詳細に分析した部分もあった。苦情全体のうち最も大きな割合を占めたのは「説明不十分」で80%近くに上った。

「説明不十分」の内訳は、「元本割れリスクについて適切な説明を受けなかった」(43・0%)「市場リスクについて説明を受けなかった」「契約期間中や満期時において元本割れはないと誤信した」といった内容だ。

次が「その他説明不十分」(14・7%)で、解約時に税金がかかること、被保険者に代わって保険料を受け取る指定代理請求人の指定ができることを聞いていないなどだ。さらに

図表２-３　内容別苦情受付件数の詳細

※対象：銀行等代理店を発生原因とする苦情、特定保険契約に係る新契約関係苦情、H28年度～29年度上期、n=6015。
※「不適切な募集行為」、「説明不十分」は中項目分類、その他の項目は大項目（協会所定の苦情分類）で整理。

	内　容	苦情受付件数	占率(%)
1	(説明不十分)元本割れリスクについて適切な説明を受けなかった ①市場リスクについて説明を受けなかった(420件) ②上記を除き、契約期間中において元本割れはないと誤信した(642件) ③上記を除き、満期時に元本割れはないと誤信した(1394件) ※③は変額年金の満期到来等に伴う苦情が中心と想定される(約10年前の募集時等に関するもの等)	2,633	43.0
2	(説明不十分)その他説明不十分 ※解約時に税金がかかること、指定代理請求人の指定ができることを聞いていない等	897	14.7
3	その他 ※強引な勧誘、顧客からの照会への回答未了等	720	11.8
4	(説明不十分)保険契約等の内容について十分な説明を受けなかったことから、自分には適していない保険契約を締結した ※他の目的で銀行等を訪問したにもかかわらず、その場で生命保険を案内され、契約を締結した(211件) 自分の目的と一致していると誤信し、保険契約を締結した(104件)等	537	8.8
5	(説明不十分)契約管理費用について十分な説明を受けなかった ※途中解約時の解約控除について聞いていない等	248	4.1
6	事務取扱不注意	242	4.1
7	(不適切な募集行為)その他不適切な募集行為	209	3.4
8	(説明不十分)保険契約であることについて十分な説明を受けなかったことから、預貯金等と誤認して契約を締結した	169	2.8
9	(説明不十分)高齢者への配慮を欠いたまま保険契約を締結させられた ※親族等の同席を強く勧められることなく契約を締結させられた(32件)等	133	2.2
10	(不適切な募集行為)自分には必要のない、あるいは適していない保険契約を締結させられた	99	1.6
11	証券未着	40	0.7
12	(不適切な募集行為)契約締結能力がなかった。または困惑状態で契約させられた	34	0.6
13	(説明不十分)クーリング・オフ及びクーリング・オフに係る負担について十分な説明を受けなかった	20	0.3
14	契約引受関係	14	0.2
15	不適切な話法	9	0.1
16	不適切な告知取得	5	0.1
17	(不適切な募集行為)高齢者募集ルールが守られずに募集を受けた	3	0.05
18	契約確認	1	0.01

出所：生命保険協会の内部資料をもとに筆者作成

「保険契約などの内容について十分な説明を受けなかったことから、自分には適していない保険契約を締結した」（8・8％）。このうちの多くが「他の目的で銀行を訪問したにもかかわらず、その場で生命保険を案内され、契約を締結した」という苦情内容だった。

他にも、「契約管理費用について十分な説明を受けなかった」（4・1％）、「保険契約であることについて十分な説明を受けなかったことから、預貯金などと誤認して契約を締結した」（2・8％）などが続く。

いずれの内容も、外貨建て保険に入る際には理解が必須といってよい。もしこうした説明が十分になされていないのだとしたら、大きな問題だ。

狙われ続ける高齢者

生保協会の内部資料は苦情データをまとめているだけでなく、分析を踏まえた「課題認識」を明示していた。

まず、外貨建て保険など投資性の強い「特定保険契約」は、それ以外の保険よりも「苦情件数が多いだけでなく、（苦情）発生率が高い点でも、対応が重要」と指摘する。苦情の多くが「説明不十分」だったことを挙げ、以下をおもな課題としている。公表を前提につくられた資料ではないため、率直に書かれている。

①元本割れリスクの説明

・為替変動リスクなどで元本割れする可能性があることについて契約者が十分に理解するよう説明されていないケースがある

・契約者の単なる勘違いや、期間の経過にともなって記憶が曖昧になることで苦情となるケースがある

・適切に説明しても積立金の運用状況が期待を下回るなどで苦情になるケースがある

②契約内容の十分な説明（1回の訪問での契約など）

・「他の目的で銀行を訪問したにもかかわらず、または目的を明示されずに銀行に呼び出され、その場で生命保険を案内され、契約を締結した」として、契約者の理解が不足していたり、ニーズと異なった契約になったことで苦情になるケースがある

③保険であることの説明

・「預貯金だと思った」など、そもそも保険であることが理解されずに、預金と誤認したまま、契約して苦情となるケースがある

「銀行窓販の相談を受けることが多いが、定期預金の満期手続きで窓口に行っただけで、保険を契約するつもりはなかったという人が多い」

「高齢者を相手に、保険が満期になった、預金が満期になった時点において事前に目的を明示しないまま、書き換え・切り替えという形で保険の契約であることを示さないまま、いきなり勧誘されるケースが見られる」

これらは「せいほ意見交換会」に寄せられた声として内部資料で紹介された。この会は、全国の消費者行政の責任者や消費生活相談員と、生保業界が定期的に意見を交わす集まりである。消費者を守る立場の人たちが、銀行や生保の営業姿勢に手を焼いている印象を受ける。

契約者からの声も悲痛なものばかりだ。

「極力リスクのない商品を希望と募集人（営業担当者）に伝え、国債や定額保険の提案を求めていたが、実際は外貨建てであった」
「自分の年齢や、状況から、生命保険に加入する必要はない」
「75歳の人間に15年という長い契約期間の外貨建て保険がなぜ必要なのか」

いずれにせよ、生保業界は詳細な苦情分析を行っていた。生命保険協会に文書の存在を認めるか、問い合わせた。

すると、「苦情削減に向けた取り組みを検討するための内部資料は作成しておりますが、公表しているものはございません」との回答が返ってきた。

だが、私が入手した内部資料のタイトルもあわせて伝えると、その存在自体はあっさりと認めた。

では、なぜ公開しないのか。それについては次のように回答した。

「現在、当協会においては、まずは、内部にて苦情の実態把握と分析、それに基づくアクションプランの策定に取り組んでおります。公表の是非については、業界内で実効性のある改善策について十分に議論を尽くした後に検討していきます」

改善策が決まってから問題の実態を公表するというのは虫が良すぎるのではないだろうか。

いつまとまるかも知れない改善策を待っている間にも、トラブルは起こり続けている。協会はいったい誰に向けて仕事をしているのだろうか。

銀行への「注文」はなぜ消えたのか

2019年1月中旬、私は朝日新聞の1面で「外貨建て保険、苦情増加　損失リスクの説明、高齢者ら『不十分』」という記事を掲載した。内部資料を詳報するとともに、実態の開示に消極的な業界の姿勢も批判した。

その記事をめぐっては、少し波乱があった。週末に掲載されたのだが、実は翌週明けに全国銀行協会と生命保険協会が外貨建て保険の苦情をめぐって意見交換をする場が予定されていたのだ。

「どうやって情報を得たのか。この日に合わせて誰かがリークしたのか」

ある生保幹部が私の携帯に電話をかけ、イライラした口調で文句を言ってきた。「せっかく銀行側と話し合いをしようとしているのに、無用な混乱を招かないでほしい」。こんな感想を漏らす生保関係者もいた。

だが、そもそも国民生活センターの報告書から1年以上経っても、目立った対応をしてこなかったのは生保と銀行側だ。私への批判は「お門違い」だ。

それにしても私の想像以上だったのは、生保関係者の銀行に対する神経の使い方だった。「銀行の機嫌を損ねたくない」という思いが強くにじんでいるように感じた。

銀行と生保の力関係はどうなっているのかを考えさせられるきっかけになったが、その詳細については後の章に譲る。

いずれにせよ、報道がきっかけになって、当初は資料を公表する予定がないとしていた生保協会も主張を一転させた。

2018年2月、「銀行等代理店における外貨建て保険等に関わる苦情の分析結果」として、外貨建て保険の苦情についてデータを公表した。

しかし、中身を見てみると、私が入手した内部資料のほんの一部のみ。苦情件数の報告と、その大半が「説明不十分」だったとする程度の内容だ。公表自体は良いことだと思ったが、すぐに違和感が襲った。

2017年度の苦情件数は、5年前から約3倍の1888件とあった（その後の協会の公表では、2018年度の苦情件数は2543件とさらに増えていた）。「あれ、おかしいぞ」

と私は思った。私が入手した内部資料では2076件だったからだ。取材を進めると、今回公表した件数には、証券会社に寄せられた苦情は含まれていないということがわかった。

協会関係者は「銀行窓販で問題となっていることだから、銀行関連の数字を出した方が素直だ」と話した。しかし普通の人が見ると、この件数が苦情件数のすべてと勘違いしかねないのではないだろうか。

意地悪い見方をすると、生保協会は意図的に数字を小さく見せたい思惑のようなものがあるのではと、勘ぐってしまう。

4月中旬、生保協会は「更なる改善に向けた取り組みを推進」としていくつかの改善策を示した。そのなかでとくに目新しいものはわずかだったが、苦情分析の頻度を半期ごとから四半期ごとに増やす他、件数を公表する方針を示すとした。

国民生活センターが問題提起してから1年4カ月。ようやくここまで進んだか、と思う一方で、目立った対応をしてこなかった業界の不誠実さにはあきれるしかない。踏み込んだ解決策を講じることもなかった。

外貨建て保険について取材を進めるほど、生保業界に対して違和感を覚えていった。それは一言にすると、顧客保護が後手に回る一方で、銀行に対しては過剰ともいえる配慮をするというギャップだ。

たとえば生命保険協会は2018年5月の内部資料の時点で、「金融機関代理店のなかでも、『銀行等代理店』を発生原因とする苦情が約9割を占めており、とくに『銀行等代理店』への対応が重要」と雄弁に問題の核心を指摘しているが、2019年1月にあった全銀協との意見交換の場に提出した資料では、そうした「注文」は消えていた。

第3章　生保と銀行の「共犯関係」

「銀行窓販」が助長するトラブル

外貨建て保険の大半は、銀行が代理店として販売している。一部生保は自社の営業職員でも売り始めたが、まだ多くない。銀行の窓口で販売する、いわゆる「銀行窓販」が主力の販売網だ。それゆえ、外貨建て保険のトラブルもほとんどが銀行で生じている。

ちなみに「銀行窓販」という言葉から、銀行の支店などの窓口で行員が売っているイメージを抱くかもしれないが、必ずしもそれだけではない。銀行員が顧客の自宅などに訪ねていき、そこで勧誘することも含まれている。銀行窓口にわざわざ保険を契約しに来る人は、そう多くない。外貨建て保険に関してはむしろ、行員による自宅訪問が中心と思われる。

外貨建て保険をめぐるトラブルを取材すると、銀行側と苦情者側（おもに高齢者）の「言った、言わない」の問題にぶつかる。そうなると、こうした経験が豊富な「百戦錬磨」の金融機関に対して、客観的な証拠を持たない苦情者側は不利になりやすい。

契約が自宅という「密室」で行われることも、トラブルを助長している。最近では電話や窓口でのやりとりを録音する金融機関も少なくないが、顧客の自宅だとそうはいかない。

「後から思えば、録音しておけばよかった」。取材で高齢者からしばしば聞いた言葉だ。だが、最初から疑ってかかるのは無理がある。疑っていたなら、そもそも契約していないだろう。

「銀行窓販」という用語は、こういった問題を忘れさせてしまう。誤解を招きかねない側面があることも注意しておきたい。

生保と銀行の「因縁」

銀行窓販の歴史は１９９０年代にさかのぼる。96年に「日本版金融ビッグバン」と呼ばれる大規模な制度改革が打ち出され、金融業界のあらゆる分野で自由化の動きが進んだ。

銀行窓販に関していえば、まず98年12月に、投資信託が解禁となった。証券会社だけでなく銀行でも投信商品を販売できるようになったのである。

それから少し遅れて、生命保険分野でも規制緩和が進んだ。はじめに、２００１年４月に住宅ローン関連の一部商品などで解禁。対象はその後も徐々に拡大していった。２００７年12月には、定期保険や医療・介護保険などすべての商品を販売可能となった。

図表3-1　銀行等が販売できる保険商品の範囲

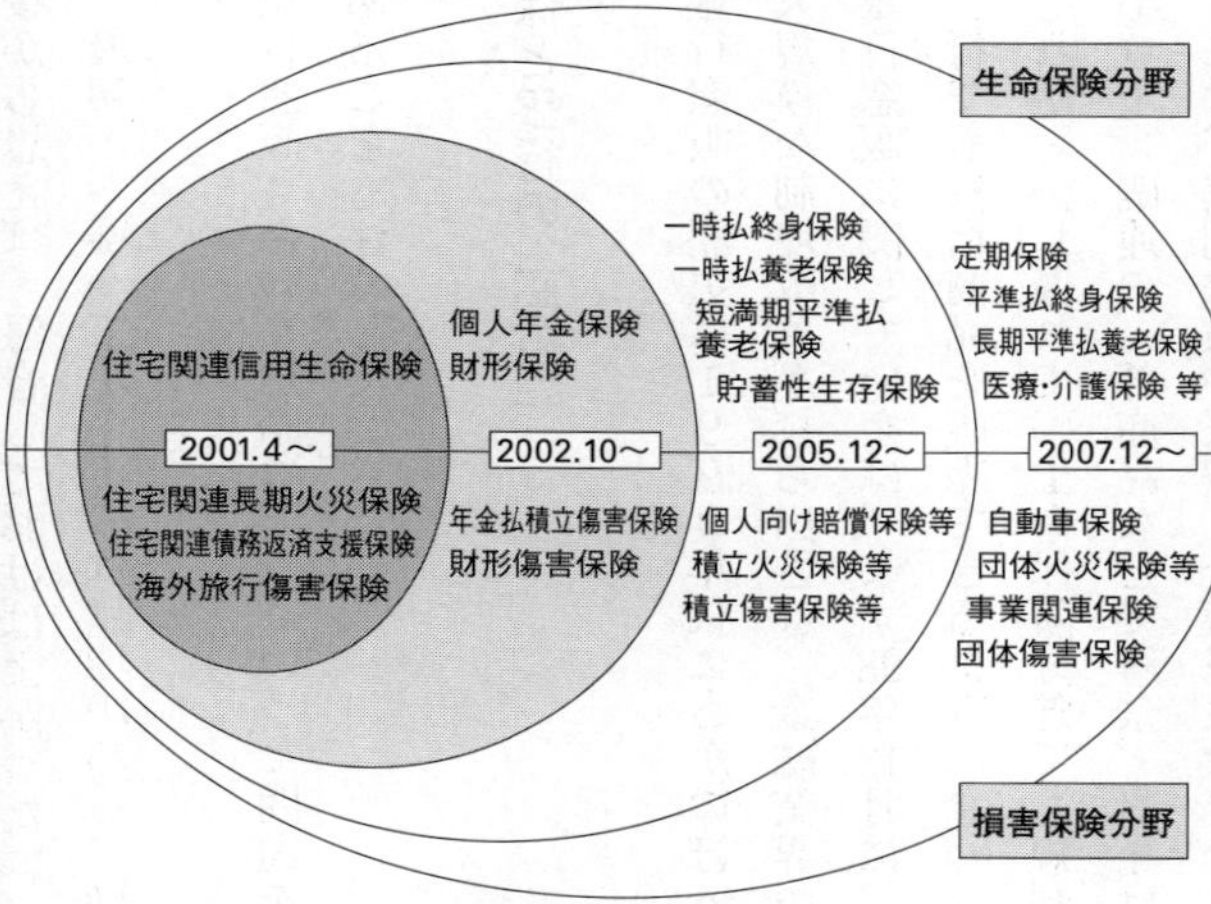

出所：2007年9月18日金融庁「銀行等による保険募集関係」をもとに筆者作成

これらの動きを指して「全面解禁」といわれるが、実は銀行窓販には、他の営業チャネルにはない規制がいくつか課せられた。その一つが「弊害防止措置」だ。

銀行は融資などを通じて、取引先に対して「優越的な地位」を持っているとされる。要は、金を貸しているから力関係が対等ではないということだ。そうした影響力を悪用して、不必要な金融商品を売りつけたり、融資などとの抱き合わせ販売を強要したりといった、顧客に不利益を及ぼしかねない懸念があった。

そのため銀行による金融商品の販売については、生保の営業職員などよりも厳しいハードルが課されることになった。

よく知られているのが、特定の保険では、顧客の勤務先が融資を受けている場合、保険を販売してはいけないとする「融資先販売規制」だ。

こうした銀行窓販の規制について、出口治明氏（ライフネット生命創業者、現立命館アジア太平洋大学長）は「（窓販解禁の流れの中で）『攻めか守りか』の選択を迫られた生命保険業界は、自らの最大の強みが１社専属制のセールスパーソンによる強力な販売力にある、と考えていたので躊躇することなく『守り』を選択した」（『生命保険入門新版』岩波書店）と指摘する。そして、「全面解禁」に至る10年の間に、新たな収益源のほしい銀行業界と専属の営業職員を守りたい生命保険業界で規制をめぐって「熾烈な戦いが行われた」とする。

ただ、こうした経緯があるにしても、銀行窓販では、生保が保険を引き受け、銀行が募集代理店となる構図自体は変わらない。ひとたび実際の販売が始まれば、生保は確実に顧客を得られる、銀行は手数料をもらえる、といった「共存共栄」関係が生まれる。

一方で、生命保険会社と銀行の力関係については微妙なところがある。販売代理店の役割を担う銀行側からしてみれば、保険会社はいくつもある。極端にいえば、気に入らない保険会社があったら代理店関係をやめ、別の保険会社と組めばいいだけだ。生保にとっては、自社がその銀行から手を引いても、ライバル生保にその隙間を埋められるだけである。

こうしたところに、保険会社にとっての「弱み」が生まれる。商品戦略の主導権を銀行に奪われることが、ときにガバナンス上の大きな問題が発生する背景となってきた。

その象徴的な例が、実は銀行窓販が始まる以前に起きている。90年代後半から2000年代前半、バブル期のツケを払えなかった生保が相次いで破綻した。その一因となったのは高い予定利率の貯蓄性保険であることはすでに述べた通りだが、この商品が急拡大した背景には銀行の存在もあるのだ。

バブルによる株高などを背景に、生保各社が高い利回りを約束した貯蓄性保険を投入した。ところが、バブル崩壊とともに株価下落と市場金利の低下が一気に進んだ結果、生命保険の運用利回りが、加入者に約束した利回り（予定利率）を下回る逆ざや状態が発生し、生保各社の経営を圧迫した。

保険アナリストの植村信保氏は『経営なき破綻　平成生保危機の真実』（日本経済新聞出版社）で、90年代後半から5年足らずの間に7社の生保が破綻するにいたった事情を、生保の内的、外的要因の双方から詳細に分析している。

それによると、死亡保障に重点が置かれた商品の市場が80年代にはすでに飽和状態となり、頭打ちとなっていた。そのなかで、一時払い養老保険や個人年金保険などの貯蓄性商品が

「財テク商品」として注目されるようになったという。

とくに顧客基盤のうすい中堅生保が規模拡大のために激しく競った。ターニングポイントは、日産生命が銀行と連携した財テク商品を開発したことだ。契約者はまず銀行でお金を借り、それを元手に生保会社へ保険料を一括払いする。銀行に返済する金利負担を上回る高い予定利率をうたい、販売数を増やした。中堅生保を中心に多くの社が追随したが、結局これが市況の変化などにともない、経営を圧迫することになったのである。

注目すべきは、問題が認識され出してもブレーキがかからなかったことだ。

銀行にとっては提携ローンの利息収入に加えて、保険会社からの手数料も得られた。さらに、保険会社からの預金受け入れも期待できた。植村氏は「販売の主導権を金融機関（正確にはその代理店）が握り、保険会社のコントロールが効かなくなったことが、その後の経営悪化につながっており、これは古くて新しい課題と言える」と指摘する。生保が販売抑制を求めても、銀行側が応じなかったケースもあるという。

生保と銀行はこうした因縁を引きずりつつも、２００１年から生命保険の銀行窓販が一部解禁される。相次いだ中堅生保破綻の7社目である、東京生命が更生特例法の適用を申請した直後だった。

リーマン・ショックと「変額年金保険」

一部解禁から20年近く、全面解禁から10年超。銀行が販売する生命保険は基本的に貯蓄性商品であるものの、その種類は時々の市場環境で移り変わってきた。

２００８年のリーマン・ショックまでは、円建ての「変額年金保険」が席巻《せっけん》した。

変額年金保険とは、顧客は生命保険会社に対しておもに一括で保険料を支払い、生保は受け取った保険料を投資信託などで運用し、その成績によって契約者が満期時に得られる受取額が変動するものだ。

外資系生保が販売し、損保系生保が追随した。とくにブームとなったのは、支払った保険料を満期まで持っていれば全額が保証される「元本保証型」や「最低受取額保証」タイプだ。

２００５年にペイオフが解禁され、預金先が破綻した際の国による全額保護がなくなり、元本１千万円とその利息分しか払い戻されなくなった。そのため、預貯金を分散する必要性が喧伝《けんでん》されていた時期でもある。

早稲田大学の大塚忠義教授は「この商品の発売により、変額年金はハイリスクハイリター

図表3-2　銀行窓販の販売額推移

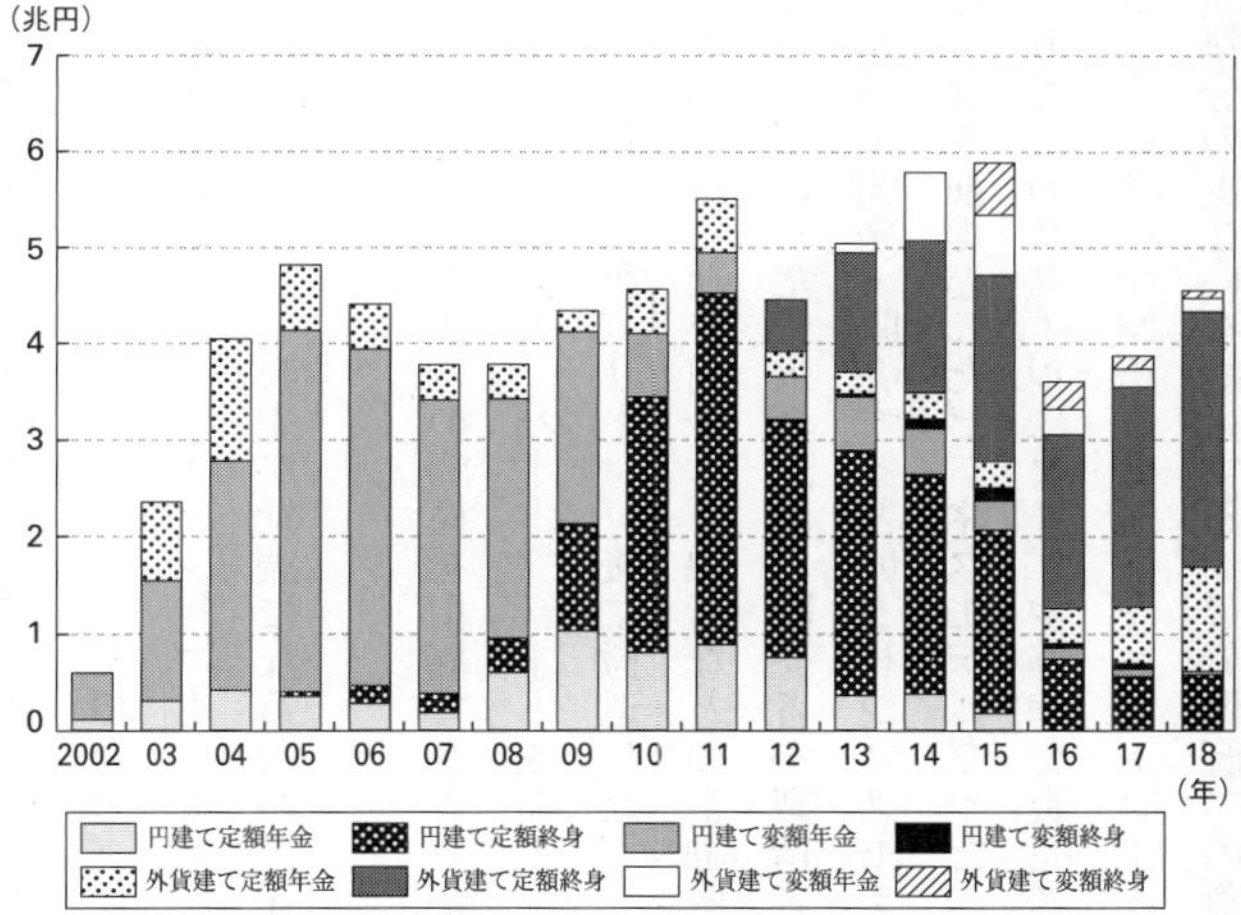

出所：業界の推計をもとに筆者作成

ンの金融商品であるイメージが払しょくされ、ペイオフ解禁後の預貯金の代替商品として銀行顧客を中心に広く受け入れられた」(『保険学雑誌』日本保険学会)と指摘する。

しかしこの商品、2008年のリーマン・ショック後は次第に下火となった。生保各社が相次いで販売停止したからだ。

変額年金で最低受取額を保証するとはつまり、保険会社が株価下落など市場のリスクを背負うことにもなりうる。そのまま販売し続けると、保険会社の収益を圧迫することになる。実際、リーマン・ショックで株価が下落し、元本保証をうたった生保会社は健全性を悪化させていくことになる。この前後に、生保会社の保険金の支払い余力を示す「ソルベンシーマージン比率」をほぼ半減させた社もあったほどだ。

だが銀行としては「リーマン後」も、変額年金の販売を続けたかったと見られる。株価下落などで投信商品の販売が低調になるなか、元本保証のある変額年金はリスクを生保が負う仕組みだからだ。

ここでも生保と銀行の関係を指摘できる。変額年金に火をつけたのは、米保険大手ハートフォードの日本法人、ハートフォード生命だ。同社は2000年に日本で営業を開始。高いシェアを誇ったが、リーマン後に撤退した。

販売網を持たない同社は、銀行などの金融機関と提携。金融機関の名前を冠して変額年金を開発していった。大塚氏は「販売者が製造者の一員として商品開発に参画し、それぞれが専用商品を開発・販売するというビジネスモデル」が成功したと分析する。ただし、それは株価上昇を前提としたビジネスモデルだったのだ。

一方でこのスタイルにより、主導権を販売者が握ることになった。それゆえ、ハートフォード生命はリーマン後にも適切なコントロールを主体的に発揮できず、株価下落にともない保険料分の支払いを約束する「最低保証」の負担は膨らみ続けた。残された手は、遅ればせながらの販売停止しかなかった。

リーマン後、株安・円高が進むなかで、銀行窓販では「円建て一時払い終身保険」が主力となっていく。この保険は、数百万～数千万円の保険料を一括で支払う。死亡した場合などに、払い込んだ保険料よりも上乗せされた保険金を受け取ることができるものだ。

銀行に預金していると、低金利下のためほとんど利息がつかない。この保険なら当時は1%前後の利回りが約束された。「リスクは取りたくないが、ただ預金するよりマシな商品」を望む、退職金や死亡保険金を得た中高年層を中心に販売が拡大していった。

大きな変化が表れたのは、日本銀行がマイナス金利政策を開始した2016年だ。導入後、国債利回りが急低下して運用が悪化し、約束通りの利回りを達成できなくなった。生保業界では貯蓄性の保険商品の販売停止が相次いだ。たとえば業界首位の日本生命も円建ての一時払い終身保険に関しては、自社の営業職員による販売こそ続けたものの、銀行窓販は一時停止。第一生命は営業職員で売り止めた。

顧客へのリスク転嫁

保険販売に傾倒していた銀行も、売りたくても売るものが乏しい状況となり、大きな打撃をこうむった。

そうしたなか、台頭してきたのが第2章で取り上げた外貨建て保険だったわけである。2018年度の銀行窓販に占める外貨建て保険の割合は、じつに約8割にのぼった。

バブル期の高い予定利率を保証した商品や、リーマン・ショック前に急増した元本保証型の変額年金と大きく異なるのは、「生保側が市場変化のリスクを負わない」姿勢がより鮮明なことだ。

もちろん、銀行窓販による外貨建て保険の主力商品は「変額」ではなく「定額」であるため、利回りを約束している。生保がまったく市場リスクを負っていないわけではない。

そして、この「定額」であることは商品の魅力として営業現場で語られる。「元本は保証されています」といった具合だ。だが、それはあくまで外貨建てベースでの話である。

生保はこれまで何度も、市況のリスクを引き受けたことで経営を圧迫させてきた。バブル後は破綻こそ中堅生保だけだったが、大手生保も大きな打撃を被《こうむ》った。リーマン前の変額年金では、外資系生保や、生損保の相互乗り入れが認められたことで参入してきた損保系生保が痛い目にあった。

生保業界はこうしたトラウマを引きずっていまがある。

外貨建て保険は、商品自体が持つ、為替や金利変動といったリスクの多くを顧客に転嫁して成り立っているのである。それは貯蓄性というより投資性の商品だ。そうしたリスクを転嫁するのだから、顧客が商品性を理解することは最低限不可欠なはずだ。

中堅の生保会社、富国生命は外貨建て保険を扱わない。桜井祐記専務は語る。

「外貨建て保険は、営業担当者が為替や金利といった市場の変化にかなりの知見を持っていないと、顧客に販売してはいけない。リスクを含めて、顧客が商品性に納得できていることが不可欠だ。こうした販売態勢の整備には、相当な教育とコストが必要となる。『売るのは代理店だから関係ない』では許されない。販売を強行すれば、短期的な数字のために、長年培ってきた生命保険会社の根幹である信頼が失われてしまう。他社はどうか知らないが、我々は少なくとも当面販売しない」

私は外貨建て保険を全否定するつもりはない。自らの資産を外貨で運用することは、資産防衛上、望ましいともいえる。保険という金融商品を選択するのも、人によっては最適なことなのかもしれない。

ただそれは、あくまで自らの資産分散の一要素として適切な額であるべきだ。また、他の金融商品と比較したうえで保険の特性が最も良いと思える場合に選択すべきものなのだ。私が取材した高齢者のなかには、金融資産のほとんどが外貨建て保険に充てられていたり、どう考えても「余剰資産」ではなく日常生活で必要になる資金がつぎ込まれていたりといったケースが散見された。

それでも、「無知な老人の自業自得だ」といった声はなくならないだろう。私は高齢者の外貨建て保険トラブルについて、朝日新聞の紙面上で何回か報じてきた。その際、SNS上では加入した高齢者に批判的な反応が意外なほど多かった。たとえばこうしたつぶやきだ。

「元本割れのリスクがあるという当たり前のことを知らない加入者も情弱すぎる気がする」

「うーん、金融リテラシーがちょっとあれば、外貨建て保険はリスクが高いことは明白なのに」

いずれも、契約した側の「無知」の方を問題視している印象を受ける。後者のつぶやきは、朝日新聞の記者のものだった。

銀行の厳しい懐事情

ところで、なぜ銀行は外貨建て保険の販売に貪欲《どんよく》なのだろうか。それには銀行の懐事情が関係している。やや目線を変えて、銀行の視点から考えてみる。

銀行のビジネスモデルはいま、低金利や人口減のなか、苦境に陥っている。低金利で貸し出しなどの「本業」が先細るなか、保険や投信販売などの手数料ビジネスは貴重な収益源となっているのだ。

なかでも地方銀行は深刻だ。三菱ＵＦＪ銀行などのメガバンクは、店舗や人員を削減する一方で、収益全体に占める海外比率を増やすなど、新たな収益源を切りひらくことで活路を見いだそうとしている。だが地銀は、既存の顧客基盤に安住し、安易な手数料稼ぎに走っているところが多いと感じる。

地銀における最重要業務は、顧客から預金を集めて、企業や個人にお金を貸し出すことだ。預金など資金調達にかかる金利と、貸し出したときに得られる金利の差（利ざや）が収益源となる。

図表3-3　貸出利ざやと貸出金の推移

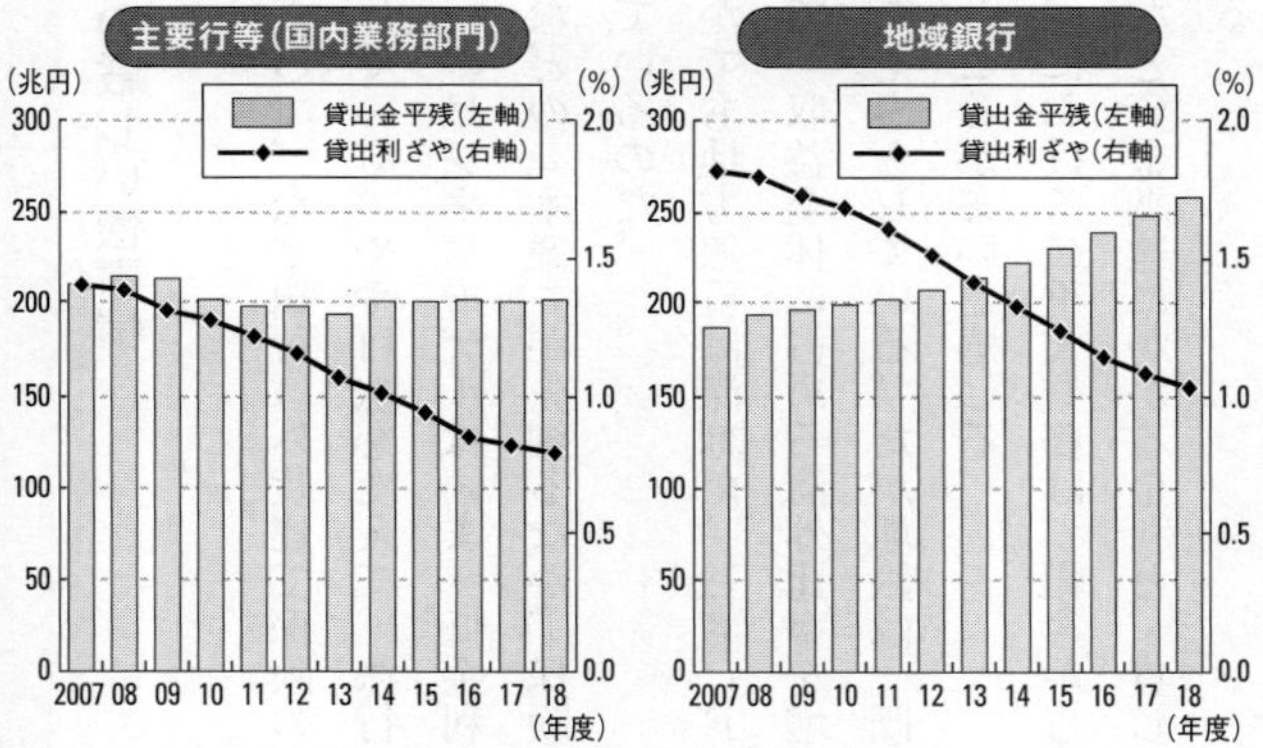

（注1）地域銀行については、期中合併における非存続金融機関の計数は含まれない。
（注2）貸出利ざや＝貸出金利回り－資金調達利回り（資金調達費用から金利スワップ支払利息を除く）

出所：2019年8月金融庁「利用者を中心とした新時代の金融サービス」

だが、長引く低金利環境で長期と短期の金利差が縮小した。短期資金を集めて中長期で運用し、金利差でもうけるといったビジネスが難しくなっている。さらに日本銀行のマイナス金利政策導入もあり、企業への融資や個人への住宅ローンといった貸し出し金利は極端に下がった。

たとえば、金融庁によると、地方銀行・第二地方銀行の貸出利ざやは、上の表にあるように一貫して下がり続けている。

その一方、新規の年間貸し出し額は増え続けている。低金利のため企業が借りやすくなっているのは事実だが、むしろ、各行が金利低下による収益低下を補おうと、積極的に貸し出しを増やしている点も無視できない。皮肉なことに、こうした行動がさらなる金利低下に拍車をかけている。

貸し出しや手数料収入などの本業にあたる「顧客向けサービス業務」の利益を見た際、金融庁によると全国の地銀１０５行のうち45行が２０１８年度に連続赤字だった。うち27行は5期以上の連続だ。

さらに、金融庁が２０１８年４月に公表したあるレポートが業界の波紋を呼んだ。全国の地銀の採算性を分析し、どれくらいの地銀が将来的に生き残れるかを試算した。その結論はなんと、たとえ県内の地銀が１行に絞られたとしても、23県では単独存続が困難だというものだったのだ。

この発表に至った根拠を見てみる。

金融庁は東京都を除く46道府県の地方銀行の２０１６年3月末のデータをもとに、地銀が本店を置く道府県内で本業によって稼いだ金利や手数料が、人件費などの営業費用を賄《まかな》えたかどうかを調べた。そして、利益が2行分の経費を上回って競争が可能な地域と、１行分の経費しか賄えずに競争が難しい地域、１行分すら稼げない地域、の３パターンに分類した。

その結果、青森や秋田、富山、山口、宮崎など23県を「1行単独でも不採算」と判断し、

図表3-4　各都道府県における地域銀行の本業での競争可能性

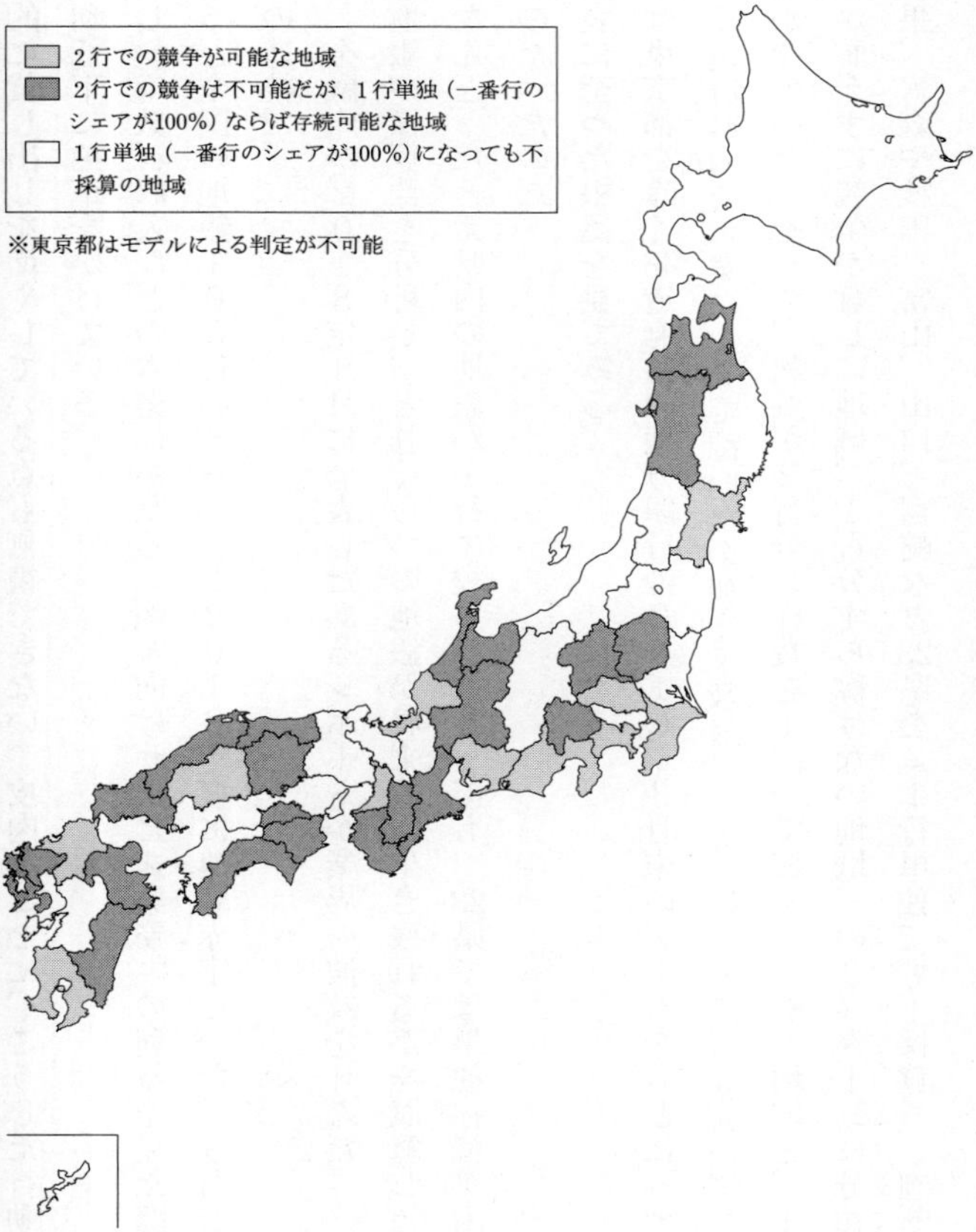

※東京都はモデルによる判定が不可能

出所：2018年4月11日金融仲介の改善に向けた検討会議「地域金融の課題と競争のあり方」

図表３-５　銀行における投資信託の販売額（左）と外貨建一時払い保険（右）の販売額推移

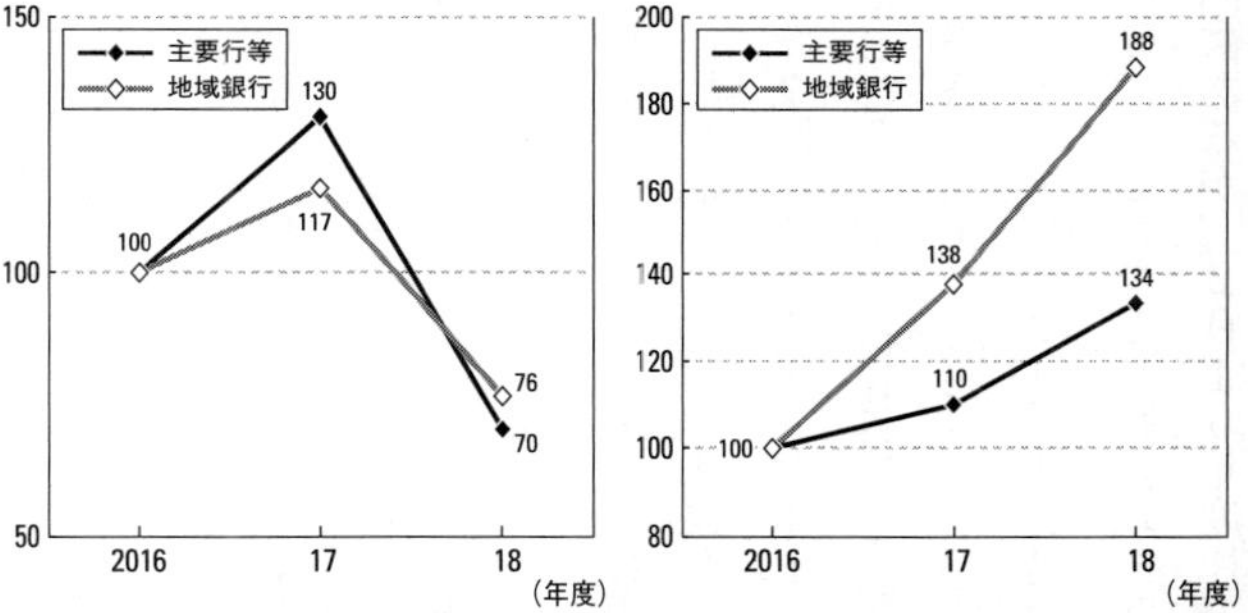

（注１）主要行等９行、地域銀行20行を集計。
（注２）自行販売、仲介販売、紹介販売の合算ベース。
（注３）16年度を100として指数化。

（注１）主要行等９行、地域銀行20行を集計。
（注２）16年度を100として指数化。

出所：2018年８月金融庁「利用者を中心とした新時代の金融サービス」

北海道や山形、長野、京都、沖縄など13道府県を「１行単独なら存続可能」とした。２行でも競争が可能な地域は宮城や神奈川、静岡、広島、鹿児島など10府県にとどまった。

このレポートは「金融仲介の改善に向けた検討会議」で報告され、金融庁は「今後の地域金融を考える一つの指標だ」と説明した。だが、この刺激的なレポートに対しては地銀からも批判が相次いだ。多くの地銀が金融庁から存在そのものを否定されたようなものだからだ。

全国地方銀行協会の当時の会長・佐久間英利氏（千葉銀行頭取）は２０１８年５月の定例会見で「いろいろな前提を置いた試算。あれをそのまま受け止める人はいない」と切り捨てた。たしかに、疑問符のつく前提もある。ただでさえ経費率が高いと指摘されている地銀の経費を、所与のものとして「存続可能」か問うていることなどだ。

ただし、このレポートを「非現実」「ナンセンス」と単純に一蹴することはできない。該当する地銀の利用者にも不安をあおりかねない内容にもかかわらず、所管する金融庁があえて公表した背景には、地銀の多くがこのままでは持続可能ではないという強い危機意識からだろう。それほど地銀は深刻な状況に立たされていると理解すべきだ。

もちろん地銀も収益を改善しようと必死ではあるが、決定的な打開策を見いだせていないうえ、店舗や人員の削減も大手ほど打ち出せていない。

こうした背景から、どの地銀も「手数料稼ぎ」にかじを切っている。18年夏に朝日新聞が実施した全国地銀へのアンケート（90行から回答を得た）では、収益拡大策を複数回答可で尋ねたところ、「手数料ビジネスの拡大」（71行）が最も多かった。「ITによる効率化」（70行）、「経済活性化」（66行）、「人員・店舗以外のコスト削減」（58行）が続く。

こうしたことが、銀行で外貨建て保険の無理な販売が横行する背景にある。

金融庁は主要行など9行と地銀20行を分析。外貨建て一時払い保険の販売額はいずれも増加傾向にあるが、２０１６年度比で２０１８年度は主要行が約１・３倍なのに対し、地銀は約1・9倍となった。

ノルマ地獄

では、実際に保険を販売する銀行員はどう考えているのだろうか。

30代の元銀行員男性に話を聞いた。この男性は数年前に、西日本にある地銀を退職した。顧客のことを、手数料を得る手段としか考えない「ノルマ地獄」に愛想を尽かしたからだという。

男性は入行後、比較的大きい規模の支店のリテール部門に配属された。個人客に対して投資信託や保険商品を販売する仕事が中心だった。

毎日、支店に預金口座を持つ顧客の入金状況が共有される。「100万円、1千万円とかお金が入ると、『渉外活動』と称してその顧客の自宅を訪問します。そして顧客に『マネープランニング』を説明していきました」

「マネープランニング」では、まず口座に入る預金の「色分け」をする。生活費など足元で必要な資金、いまは使わないが近い将来必要になる資金、10年以上使う予定のない資金といった具合に分類していく。

しばらく使わない「余剰資金」があれば、「申し訳ないですが、口座に置いておくだけでは何もなりませんよ」と切り出し、保険や投資信託の勧誘に持っていく。

多くの銀行で、本部から各支店にこうした金融商品の販売手数料のノルマが課される。この地銀も例外ではなかった。

各支店ではさらに、支店長が個々の行員に数字目標を割り振る。この地銀では、ノルマは「年間予算」という形で示され、月ごとに予算消化率がランキングで表示される。支店ごとに何％消化したかだけでなく、支店内の一人ひとりの成績が明示される。

「年度末までにまだまだ日にちがあるのに、予算消化率が１００％を超える支店が出てきたりすると焦ります」と男性は振り返る。

「年度末が近づく1、2月になっても予算消化率が低いときは、行員らが支店長に集められ、『このままだったらどうするの？』『どうするつもりなの？』と強めにつめられ、ハッパをかけられました」

結果的に「ノルマ未達」となると、ボーナスや評価に響く。逆にトップの成績をたたき出すと「頭取賞」がもらえたという。「ノルマ未達」だったときの男性のボーナスと、「頭取賞」を受賞した同僚のボーナスを比較すると、月給1カ月分以上の差が出たという。

ノルマの成否は、人事査定にも直結する。比較的大きめな支店の渉外活動課長にいきなり配属になった行員が、あまり良い成績を出せなかったことがあった。すると、この行員は1年で他の店舗に飛ばされたという。

そうした環境では当然、顧客にとって本当に必要な商品かという考えよりも、販売実績をいかにつくるかといった発想が優先されるようになる。

「いまから考えると、洗脳されていくんです。とにかく『売れて良かった』という安心感しかない。ノルマに追われていると、『会える人は誰か』、そのなかで『売れる人は誰か』としか考えられなくなる。もちろんふと、『大丈夫かな』と思い返すときもあるけど、『これで何とか上司に言い訳できる。やった！』という精神状態になっていく」

大事なのは顧客に「論理的に説明できる能力」ではなく、「どれだけ仲良くなれるか」だという。高齢者には人付き合いが少なく、孤独を感じている人も一定数いる。

「日々親しくして、息子のように思ってもらえたら成功です。この段階になってから商品の勧誘に入るんです」

もちろんトラブルも多い。前任者から引き継いだ顧客が「なぜこんなものを買わせたのか」と怒ってくるケースもあったという。「ハイリスクな新興国への過剰な投資商品に、気の弱そうな高齢者がたくさん入っていたりする。ああ、前任者はノルマで売っちゃったのだろうなと思うわけです」と男性は語る。

契約後のアフターフォローも渉外活動の一部だ。しかし、それだけでは評価はされない。

「あえていえば、それをきっかけにじゃあ『乗り換えしましょうか』と、また新たな商品を買わせて手数料を得る手段にしないかぎり、評価はされません」

低金利環境下で貸し出しによる収益が伸び悩むいま、手数料ビジネスが全国的に期待されている。だが男性は言う。

「そもそも、そんなに頻繁に口座に大きな金額が入金されるものでもない。うまくやっている支店ほど、顧客から刈り取って草も生えない状況です。そうすると、ぐるぐると同じ顧客に乗り換えさせるしかない」

短期的に契約と解約を繰り返させ、手数料を稼ぎ出す「回転売買」という手法だ。

男性はその後、法人の融資担当にまわされた。それでも、「ああいう仕事が銀行の一部だと思うと、『もう駄目だな』と思うようになりました」と退職した。元々は、その地銀が打ち出していた「顧客フレンドリー」の姿勢に魅力を感じて入行したのだが……。

「信用するのもナイーブすぎるが、入ってみて実情を見ると、まさかこんなにひどいところとは……」

「共通ＫＰＩ」

収益低下に苦しむ金融機関にとって、手数料ビジネスはぜひとも拡大したい領域だ。

一方で、これを厳しい目で監視しているのが金融庁だ。金融機関が自らの懐事情を言い訳に、顧客を手数料稼ぎの道具としている。銀行ブランドへの信頼を逆手にとって、顧客にとって不必要な金融商品を販売しているのではないか。こうした問題意識のもとで近年、金融機関と対峙している。

銀行窓販で販売される金融商品の代表格には、投資信託がある。金融庁は主要行など9行と地銀20行を分析。先ほど述べたように、外貨建て一時払い保険の販売額（２０１６年度比）は主要行の約１・３倍に対し、地銀は約１・９倍となった。

一方で、同時期に投資信託の販売は減少している。市況の悪化という側面もあるが、実はこれには当局の動向も絡んでいる。

金融庁は近年、投資信託の改革に力を入れている。

金融機関では投信販売でも手数料をもうけるために、問題のある営業が横行していた。代表例が、短期間のうちに客に商品を買い替えさせる、先ほどの「回転売買」だ。金融機関にはその都度、手数料が入る。「新たな有望な商品が出ました」などの誘い文句で、巧みに解約・契約を繰り返させる。

このようなグレーな商売が平気で行われていることで、顧客の不信感は増しているのではないか。それによって貯蓄されたお金が投資に向かうことを阻まれており、結果的に国民の資産形成が進まないのではないか。金融庁はこうした仮説をもとに、業界を「クリーン」にしようと四苦八苦している。

その取り組みの一つが「見える化」だ。

象徴的な政策が、2018年6月に示された「比較可能な共通KPI（重要業績評価指標）」だ。

それぞれの金融機関が、自分たちの指標で自分たちを「正当化」しようとすれば、顧客はどの金融機関が良いのか簡単には選べない。

そこで、金融機関同士を共通して比較できるように、統一的な情報を金融機関に公表させ

図表３-６　投資信託の運用損益別顧客比率

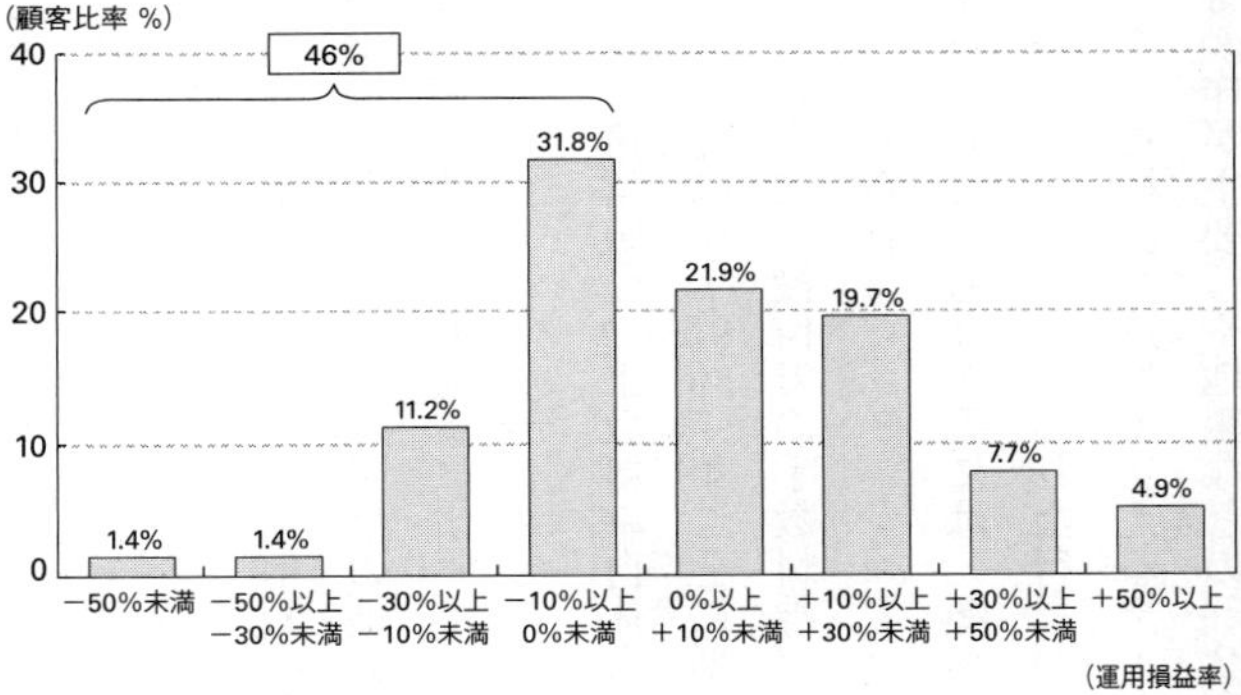

（注１）基準日は18年3月末
（注２）18年12月末までに、金融庁に報告があった金融事業者（96先）の公表データを集計（単純平均）

出所：2019年１月29日金融庁「販売会社における比較可能な共通KPIの傾向分析」

る取り組みだ。

どのような情報が、共通の指標としてふさわしいのだろうか。金融庁の発想はシンプルだ。「顧客が投信を購入する目的は、基本的にはリターンを得るため」とし、リスクや手数料に見合ったリターンが長期的にどの程度生じているかを「見える化」することを考えた。

投信を売る金融機関は、銀行や証券、信託など幅広い。そうした業種を超えて比較可能で、各社が必ず持っている情報であることも考慮される。

代表的なものは、「運用損益別顧客比率」だ。投信を保有している顧客がある時点でどれだけのリターンを得ているか、損益の度合いごとに顧客の比率をとった。

2018年3月末を基準日で数値を公表した96社ベースでは、5割弱の顧客の運用損益がマイナスだった。

金融庁の調査によると、投信販売が落ち込む一方で、保有期間は長期化する傾向にある。例を挙げると、2018年度の地銀20行の平均は3・5年。4年前の2年よりも延びた。これは、短期間の回転売買によって販売額を拡大させる「悪弊」が改善されつつあることを示唆する。

また、投信販売の手数料率自体も減少傾向にある。地銀20行の平均の販売手数料率は、2018年度は1・97%。年ごとに増減はあるものの、4年前の2・34%よりも下がっている。このように、投信での手数料稼ぎがしづらい状況のなかで、銀行は外貨建て保険にかじを切ったとみられる。

手っ取り早くもうかるには、顧客に特定の保険を売ればいい。そのために行員に販売ノルマを課す。ノルマに追われた行員が強引な営業をしてしまう。

こうした構図が透けて見えるデータがある。

金融庁が主要行や地銀などの、2017年度の投信や一時払い保険の銀行窓口における月

図表３-７　リスク性商品の販売額の月次推移

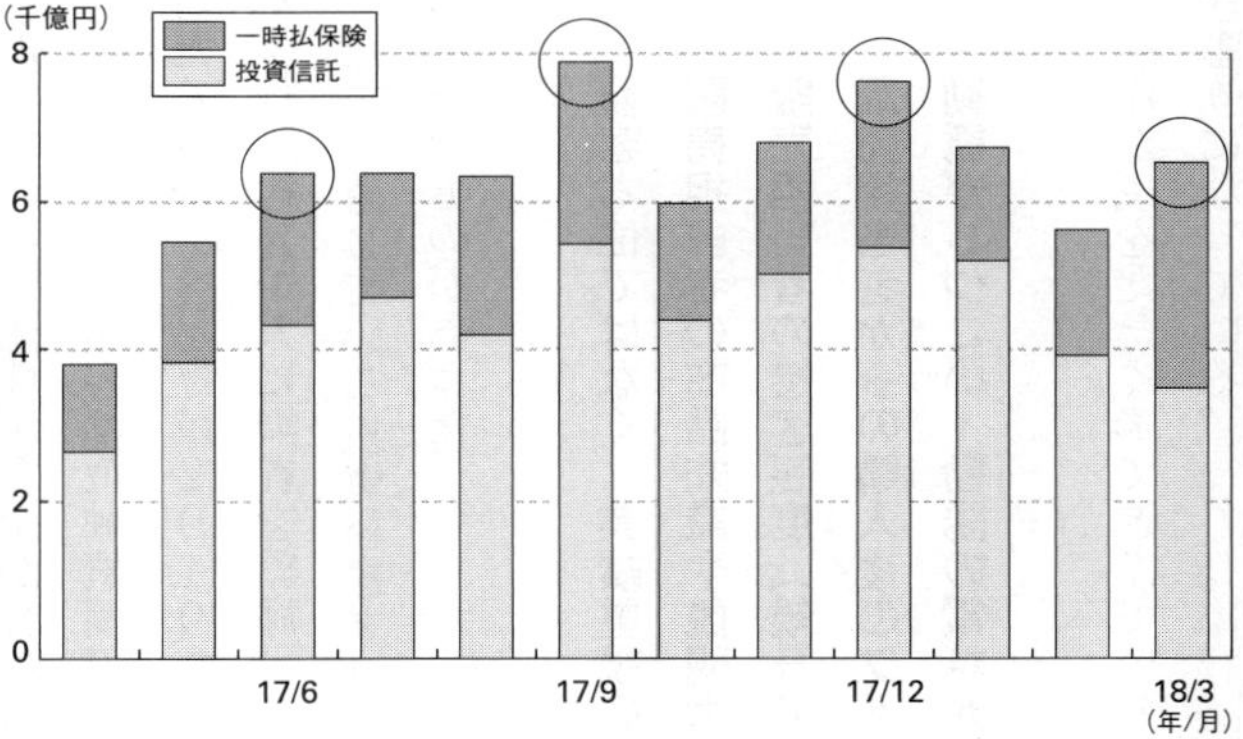

（注１）主要行等９行及び地域銀行20行を集計。
（注２）17年4月から18年3月までの12か月間の、一時払保険及び投資信託の合計販売額の推移。
出所：2018年９月金融庁「変革期における金融サービスの向上にむけて」

ごとの販売額を調べた。すると、各四半期の期末月に数字が突出する傾向にあることがわかったのだ。各四半期末の３、６、９、12月の販売実績が伸び、翌月以降は減る傾向が見られた。

金融庁幹部は、なかでも保険の販売額が増えていることを問題視する。この幹部は「投信は運用環境に左右されるので、その時々で増減があるのは理解できる。だが、四半期ごとの環境に関係ない、一時払い保険の販売が決まって伸びるのは明らかにおかしい」と語る。

金融庁の報告書では「営業現場では、収益目標を意識して、期末に向けて『プッシュ型営業』により、特定の顧客に対し乗換取引を繰り返している可能性がうかがわれる」と指摘した。

実際のところ、顧客は金融機関のリスク性商品の販売についてどういうイメージを抱いているだろうか。金融庁は２０１９年にインターネットや郵送で、全国の投資経験者・未経験者を含む計約８千人に調査を実施。それによると「ここ2〜3年で、金融機関の対応が良くなった」と感じている投資経験者は2割程度にとどまった。一方で、「不満な点」としては次のようなものがあった。

・顧客本位ではなく、業績重視の提案が多い
・販売担当者の商品知識や説明力が不足している
・販売担当者の接客態度（親身でない等）
・販売担当者からの購入後のフォローがない
・勧誘がしつこい・勧誘の電話が多い、強引な勧誘

金融庁が尻をたたく形で進んでいる金融機関の販売改革が、まだまだ道半ばであることが浮き彫りになっている。

顧客の意向を無視して「ノルマ」を課す銀行本部、理不尽な数字を達成するために「プッシュ型営業」で苦悩する行員、狙いうちにされる高齢者。いったい何のためにこうした「悲劇」は続くのだろうか。

投信よりも遅れている

第２章でも述べた通り、金融庁は外貨建て保険でよく使われる用語「積立利率」の定義が商品によって異なるうえ、募集資料で定義を明確に説明している社はほとんどなく、顧客が実質的な利回りと誤認しているおそれもあると問題視していた。金融庁が調査した結果、実質的な利回りが、表示された積立利率よりも0・64〜0・75ポイント低い商品もあった。

ある幹部は「すれすれの販売、すれすれの商品。法律違反すれすれのことをやっていた」と強い口調で保険会社の姿勢を非難していた。

金融庁はこうした利回りの開示方法も「見える化」を要求したが、それでも業界の対策は遅々としたものだった。「各社で商品性が違っている」「システム上すぐにはできない」。ある生保幹部はこうした「逃げ口上」を漏らしていた。

たまりかねた金融庁は２０１８年12月、「会員限り（ＣＯＮＦＩＤＥＮＴＩＡＬ）」とした冊子を作成した。

そこには、「預金」「債券」「投資信託」に並んで「生命保険」とあり、赤字で「生命保険においても、投資信託などと同様に『ためる・ふやす』機能があり、投資信託などと並びで販売するケースもある」と指摘。そして、とくに販売額が増加傾向にある外貨建て保険をモニタリングした結果として、「商品内容の情報提供が分かりやすく行われていない実態を確認」とした。

とくに問題視したのは次の点である。

・保険加入時の重要な判断材料となる為替変動などの各種リスク、運用利回りやコストなどの記載が募集資料上点在するなど分かりにくい
・「積立利率」は、定義が商品によって異なるのに、募集資料でその定義を明確に説明している社はほとんどなく、顧客がこれを実質的な利回りと誤認するおそれがある

冊子では実質的な利回りの開示要求だけでなく、営業現場で商品を提案する際に、新たに

説明すべき「募集補助資料」のイメージを提示。そこに何を記載すべきか、図までつけて具体例を示した。契約時よりも円安になった場合や円高になった場合の解約返戻金が実際にどうなるのか、といった「わかりやすい」説明となっている。他にも、過去5年分の為替レートを示すなどの案も記載されていた。

これらは投資信託の募集の際に使われる「交付目論見書《もくろみ》」に類似する。先に投信改革を進めた金融庁からすれば、投信の募集資料に比べて保険はいかにも遅れていると感じていたのだろう。

三井住友銀行の宣言

第2章で述べたとおり、2019年1月下旬、全国銀行協会と生命保険協会の意見交換の場が開かれた。外貨建て保険の営業で使うべき新たな募集補助資料も、議論のメインテーマになった。

生保側としては、外貨建て保険の苦情の増加で批判を浴びていたこともあり、4月から新たな補助資料を銀行に使ってもらって欲しかった。

だが、銀行側は相変わらず、真剣味のない態度を見せる。
銀行側「募集人（＝銀行員）への周知徹底に時間が必要。4月実施は、タイト（なスケジュール）であることを理解してもらいたい」
生保側「苦情を減らす必要があり、協力をお願いしたい」

ここで、同席していた金融庁の幹部もしびれを切らして、発言する。

「可能なかぎり早い段階で、使用を開始してもらいたい。全銀協からも、各銀行にそう伝えてもらいたい」

そう言うと、幹部は退席。銀行側と生保側だけでのやりとりとなった。ただ、そこでも銀行側は同様の発言を繰り返す。

「商品の選択・提案の段階で補助資料を使うとすれば、説明内容が多い」

関係者によると、ひときわ苦言を呈していたのは、あるメガバンク。「法令上の義務付けはなく、渡さなくても罰則はないという理解でよいか」と再三質問した。

ここでも生保側は、銀行に対して腰砕けの姿勢だった。かろうじて「法令上の義務ではないが、渡していなかった場合、苦情になると金融庁への説明を求められ、厳しい立場に置かれるだろう」と忠告するにとどまった。自分たちが製造元だという意識がないかのような、いかにも遠回しの「反論」だった。

意見交換会の内容を取材して暗澹たる気持ちになっていた私は２月上旬、ある経済紙にでかでかと掲載された記事を読んで、腰を抜かしそうになった。

「外貨建て保険の利回り明示　三井住友銀、わかりにくさ解消」。見出しにはこのような文言が躍った。

記事には、金融業界が４月から実質的な利回りの表示を順次進める方針であるが、三井住友銀行は「業界に一歩先んじて対応する」とある。

４月から業界が補助資料を使い始めることは、既定路線だったので構わない。私を驚かせたのは、意見交換会で「補助資料を渡さなくても罰則はないのか?」と再三質問していたのが、何を隠そう三井住友銀行だったからだ。

「打ち出し方のうまさか」。思わず、つぶやいてしまった。

その記事によると、対象商品の「予定利率は３・５％程度。だが手数料を含めた契約者の支払総額を使った実質利回り（85歳時点）だと、１・４〜１・８％前後」という。なかなかの違いだ。

いずれにせよ、金融庁に尻をたたかれる形で今年4月から、外貨建て保険のパンフレットは順次変更されていった。ただ、前章で述べたように各社の裁量に任せられているうえ、勧誘の場で実際にどう使われるかは不透明だ。結局、現場できちんと使うよう、本社がきちんとした内部管理態勢を敷くかにかかっているからだ。

店舗や行員を正しく評価するには

外貨建て保険のトラブル解消のための課題は、ほかにも山積みである。

その一つは、契約時の「親族同席」だ。

トラブルの多くの場合で、契約者が高齢者であるとこれまで述べてきた。何も理解せず、相手に言われるがまま契約し、後で親族の知るところとなり、苦情に発展するといったケースは少なくない。生保協会の資料でも、80歳以上のトラブルでは4割超が本人以外からの申し出により発覚している、となっている。

多くの生保会社が、高齢者の契約時には親族同席を「原則」とする対応をとっている。ただ、「本人の希望」などがあれば、同席しなくてもよいとする例外規定がある。もちろん、さまざまな事情で同席できないケースもあるが、「同席を望まない」にチェックするよう誘導させている疑いもぬぐえない。生保協会の調査によると、親族同席を会社のルールとして採用していても実際に親族が同席するのは半数にも満たない。

「評価」や「ノルマ」の問題もある。

外貨建て保険などの金融商品を販売すれば、銀行員にとって評価ポイントとなり、給与や賞与にも跳ね返ってくる。日中は自宅にいることが多いうえ、銀行を信頼している高齢者はほかの世代よりも売りやすく、結果としてトラブルになりやすい。

最近はノルマを廃止したり、販売実績にウェイトを置いた評価体系を改めたりといった動きも出ている。

三井住友銀行は今年度から、金融商品販売における個人目標を廃止した。行員の評価も販売実績から、顧客の運用資産における預かり残高の増減を重視するものに切り替えている。

注目に値する取り組みだが、どこまで実効性があるかは未知数だ。

運用資産の残高を重視するなら、顧客の預金を無理に投資商品へと切り替えるような営業が行われてしまう可能性もある。「顧客の利益になるように運用資産内の構成を替えても、評価されないのでは」との声も内部から上がっているという。

三井住友銀行を含め、近年は「顧客推奨度調査（NPS、ネット・プロモーター・スコア）」と呼ばれる指標を取り入れる金融機関もある。NPSは、顧客がその金融機関や担当者をどれだけ信頼しているか、愛着を持っているかを測る。「友人や知人に、金融機関や担当者を勧められるか」といった質問などを行い、これをもとに営業店や担当者を評価するというものだ。

ただ、金融庁の先ほどのアンケートでは、「お願い営業」や「乗り換え販売」によって「(金融商品を) 頻繁に購入したことがある」という人ほどNPSの点数が高い、という皮肉な結果が出た。(できるかはともかく) 顧客を「洗脳」してしまえば、どんな悪質な販売をしても、NPSは高くなりうる。

顧客の利益を追求すればするほど会社や社員の「成果」が上がるような仕組みを構築するには、複数の指標の最適な組み合わせが必要ということだ。

最初から、顧客にとって不本意なことをしたいと思い、営業をかける人はいないだろう。行員を顧客にとっての「最適なパートナー」にするのも「詐欺師」にするのも、経営陣の本気度がわかる「評価」や「目標」のあり方次第だ。

りそな銀行の「1枚のチラシ」

外貨建て保険が投資性の強い金融商品であるならば、投信などほかの金融商品との比較で理解すべきだという論点もある。

この点、りそな銀行の取り組みは参考になる。

りそなは、金融商品の営業を顧客の「資産形成」として捉える。「投資信託」、「バランス型投資信託」、「変額保険」、「ファンドラップ」といった金融商品を、わかりやすく1枚のチラシにまとめる。いきなり個別商品の詳細を説明しても、理解してもらいにくいからだ。

投資信託は「自分で組み合わせて運用」。スーツづくりで比喩すれば「ハンドメイド」とする。変額保険なら「備えながら運用」とし、「レディ・メイド」にたとえる。こうして、それぞれのメリット・デメリットを紹介する。

保険会社が投資信託で運用する変額保険などでは、顧客がそもそも保険と投信を別々に契約したほうがお得な場合もある。一方で、保険には「面倒だから任せてしまいたい」というニーズもなくはない。

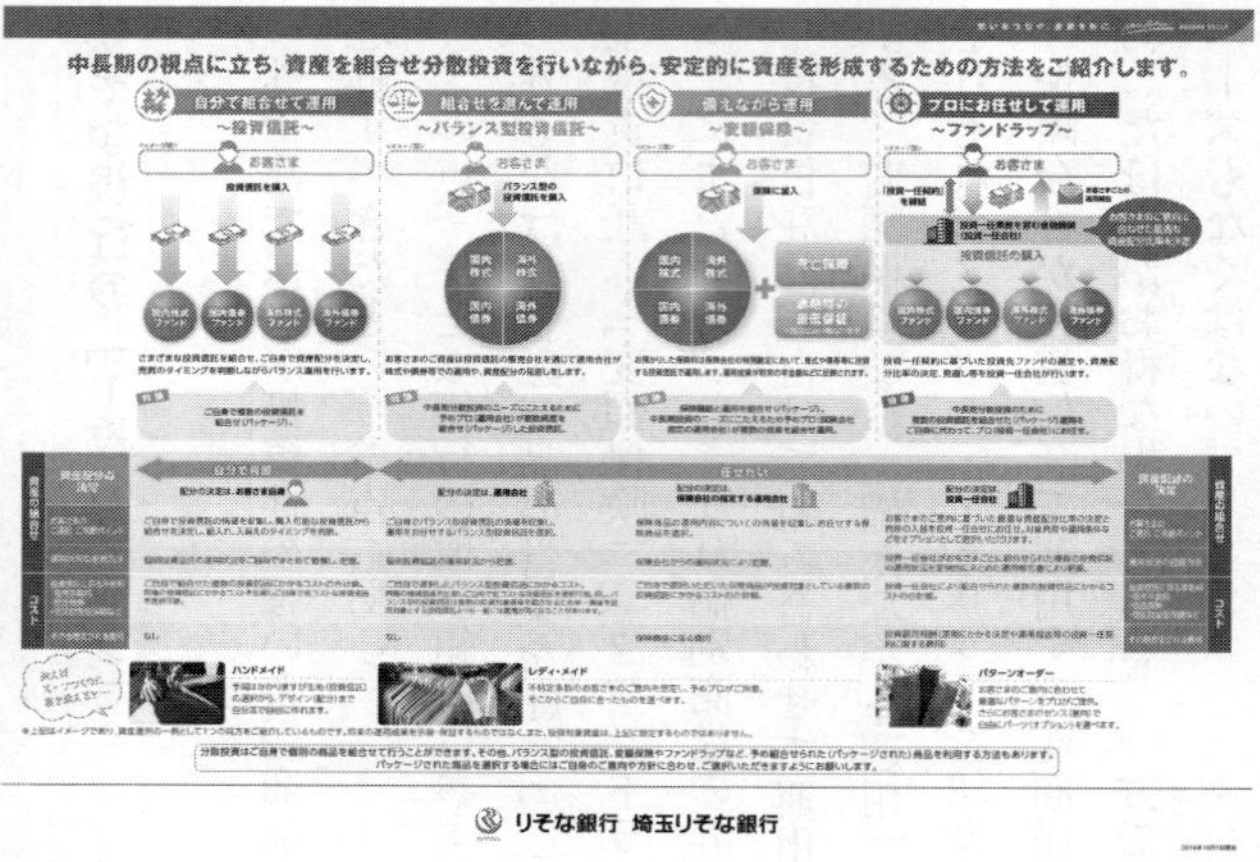

りそな銀行のチラシ

りそなでは、比較考慮をしてもらったうえで「保険を選びたい」となると、今度は複数の保険の特徴やコストなどを、こちらもわかりやすく1枚にまとめたチラシで提示する。銀行では複数の保険会社のパンフレットを別々に提示するのが一般的だが、りそなは複数の会社の商品を、1枚のチラシで比較できるようになっている。

担当者は「我々が複数社の商品を同一の基準で整理しなければならないので、負担が増すのは事実だ。しかし、複数の会社の異なる商品を、顧客にわかりやすく比較してもらうためには必要と考えている」と話す。

生命保険会社のパンフレットを単に読み上げるだけではなく、複数の生保商品の特徴を

1枚のチラシでわかりやすく説明する。手数料をもらう販売代理店として、ほかの銀行も、こうしたことに取り組む責任があるのではないかと思う。

いま保険業界が最も恐れるのは、保険会社の保険商品に対しても、投資信託のように「共通KPI」をつくるよう金融庁が求めてくることだ。

保険会社は二枚舌を使うことがよくある。外貨建て保険について、営業現場では利回りの良さといった投資的な要素を強調する一方で、共通KPIなどの議論になると「保険は投資商品とは違う。保障が付いているので一概に比べられない」と反論する。

もちろん、保険業界の言い分には一理ある。投信は「もうけが何より」という認識のもと、指標としてコストやリターンなどが存在し、必要な情報が比較的わかりやすい。一方で保険商品については、当然だが保障機能がついており、その内容も千差万別だ。「保険商品を投信のように同じ指標ではくくれない」との声も理解できる。

ただ、外貨建て保険のような事実上の投資商品であるかぎり、リスクとリターン、コストを抜きには語れない。ある金融庁幹部は「これを、仮に共通の土台で比較して何が問題あるのか。『他にこういう保障がついている』という思いがあるなら、まさに販売の現場でそれを訴えればよいではないか」と漏らす。

とはいえ、金融庁も意見が一致しているわけではない。生保業界が自主的な対応でどこまで諸々の問題を解決できるかによっても、今後の行く末は左右される。

第4章　「営職」vs.「乗り合い」

乗り合い代理店に行ってみた

私には妻と一人の子供がいる。正直、保険業界の担当になるまでは、自分が契約する生命保険について深く考えたことはなかった。

社会人になって間もない頃、付き合いで生命保険に入ったことがある。だがその後、毎月1万円以上のお金を保険料として支払うのが何だか馬鹿らしく思い、解約してしまった。

結婚後しばらくして、月4000円ほどのほぼ掛け捨ての保険に加入した。入院や死亡で保険金が支払われる、ごく簡素なものだ。数年前に、生命保険に入っていないのを心配した妻に言われるがまま申し込んだだけだ。特段、深い意味はなかった。

妻は、大手生保の医療保険に入っている。子供は1歳のとき、貯蓄性のある医療保険に加入させた。これも、きっかけはこの生保との「お付き合い」からだった。

保険業界を取材するようになり、当たり前かもしれないが、「自分の保険も見直した方がいいのでは」という思いが強くなった。

そこで、ある大手乗り合い代理店へ見直しに訪れた。家から5分ほどの場所にある店だ。

「まずは、いま加入している保険が自分に合っているか確認していきましょう。保険の仕組みからご説明していきますね」

店内は携帯ショップのようにカウンター窓口がいくつか設けられており、担当者と面談する仕組みだ。暇をつぶせるちょっとしたスペースもあり、担当者と話をしている間、子供はDVDを見たり、ブロックで遊んだりしていたので非常に助かった。

ファイナンシャルプランナー（FP）の資格を持つ担当者が、タブレット端末を使いながら、丁寧に説明してくれた。

定期保険や終身保険、養老保険など、保険商品の基本的な考え方から、いま契約している保険の特徴について、メリット・デメリットをきちんと解説してくれた。

その時間は2時間以上。しかも初回はあくまで私が加入している保険の仕組みの説明で、新たな保険を薦めてくることもなかった。「実際に保険の見直しに至るのは、平均すると3回目の来店からです」と担当者は話す。

その後も乗り合い代理店に訪れて、複数の保険会社の商品を扱う利点を実感できた。

同じ「三大疾病」に備える医療保険でも、心臓系の病気について保障範囲を「心疾患」による入院・手術と広めにとる社もあれば、「急性心筋梗塞」か「拡張型心筋症」を対象にし、たとえば狭心症などは範囲外にする社もある。

私は心疾患で入院した親族を持つから、前者の方が魅力を感じた。

1社専属の営業担当者から勧められる場合、こういった、微妙だが重要な違いを比べることはできない。その商品の特徴がどこにあるかも、他社の商品と比較してこそわかることが多いのではないか。

「GNP」営業の終焉

契約期間が長い生命保険は、保険料の総額が数百万円から1千万円を超えることもあり、「家の次に高い買い物」ともいわれる。それだけに、複数の保険商品をきちんと比較して決めたいと考える消費者も多い。

そこで最近、存在感を増しているのが「ほけんの窓口」「保険見直し本舗」「保険クリニック」といった来店型の「乗り合い代理店」だ。

これらはいずれも、複数の保険会社の商品を比較でき、自分に合った保険商品を選べるのが魅力である。

こうした乗り合い代理店は実際、身近になりつつある。

生命保険文化センターの「生命保険に関する全国実態調査」（２０１８年）では、過去５年間に民間保険（かんぽ生命をのぞく）に契約した世帯に加入チャネルを尋ねたところ、保険代理店の窓口や営業職員と回答した割合は17・８％となった。３年ごとの調査で増加傾向にあり、２００６年調査の７・０％からは10ポイント以上の上昇となった。

なぜ、乗り合い代理店が拡大しているのだろうか。

生命保険の販売は従来、生保各社が抱える専属の営業職員がメインだった。女性が多く、かつては「生保レディー」と呼ばれた。

戦後、大手生保は戦争未亡人などを大量に採用した（これが戦後の女性雇用に大きく貢献した）。この名残という側面もある。

高度成長期、生保は大蔵省の指導のもと、「護送船団方式」で強い規制に守られ、各社の商品や保険料は似たようなものだった。顧客の人生設計に合わせた保険プランを提案するというよりも、画一的なパッケージ商品が売られた。

そうしたなかで、各社の営業職員が力を入れたのが「ＧＮＰ」（義理・人情・プレゼント）だ。

図表4-1　直近加入契約（民保）の加入チャネル

（%）

	生命保険会社の営業職員	家庭に来る営業職員	職場に来る営業職員	通信販売	インターネットを通じて	テレビ・新聞・雑誌などを通じて	生命保険会社の窓口	郵便局の窓口や営業職員*1	銀行・証券会社を通して	銀行を通して	都市銀行の窓口や銀行員（ゆうちょ銀行を含む）*2	地方銀行、信用金庫、信用組合の窓口や銀行員	信託銀行の窓口や銀行員	証券会社の窓口や営業職員	保険代理店の窓口や営業職員*3	保険代理店（金融機関を除く保険ショップ等）の窓口	保険代理店（金融機関を除く）の営業職員	勤め先や労働組合等を通じて	その他	不明
平成30年調査（平成25～30年に加入）	53.7	43.2	10.5	6.5	3.3	3.3	2.9	4.2	5.4	4.9	2.7	1.8	0.4	0.5	17.8	7.8	9.9	3.4	5.6	0.6
平成27年調査（平成22～27年に加入）	59.4	47.5	12.0	5.6	2.2	3.4	3.1	3.0	5.5	5.3	2.3	2.7	0.3	0.2	13.7	4.7	9.0	4.8	4.1	0.7
平成24年調査（平成19～24年に加入）	68.2	53.0	15.2	8.8	4.5	4.3	2.5	2.1	4.3	4.2	1.9	2.3	0.1	0.1	6.9	—	—	3.2	3.2	0.8
平成21年調査（平成16～21年に加入）	68.1	52.5	15.7	8.7	2.9	5.7	1.9	2.9	2.6	2.6	1.1	1.1	0.4	0.0	6.4	—	—	3.0	4.9	1.3
平成18年調査（平成13～18年に加入）	66.3	51.0	15.3	9.1	1.8	7.3	2.1	—	3.3	3.1	1.2	1.7	0.2	0.2	7.0	—	—	5.2	6.1	0.9

＊かんぽ生命を除く

＊これまで、下記のような選択肢の変更や追加、細分化などがあったため、調査結果を時系列で単純に比較できない。

＊1　「郵便局の窓口や営業職員」は平成21年調査から設けている

＊2　平成21年調査より「大手銀行の窓口や銀行員」を「都市銀行の窓口や銀行員（ゆうちょ銀行を含む）」に選択肢を変更している

＊3　平成27年調査より「保険代理店の窓口や営業職員」を「保険代理店（金融機関を除く保険ショップ等）の窓口」と「保険代理店（金融機関を除く）の営業職員」の2つにに細分化している

出所：2018年生命保険文化センター「生命保険に関する全国実態調査」

「昔は本当に良かった」。ある60代のベテラン営業職員は振り返る。営業先の会社の職場に自由に出入りし、社員の机にティッシュやカレンダーといったプレゼントを置く。頻繁に会うことで親しくなり、偉くなったら部下を紹介してもらう。

だが、最近はそんな営業も難しくなっている。

情報漏れなどのセキュリティー意識が高まり、会社のなかにまで入りにくくなった。仮に入れても、食堂やロビーなどで通る人に話しかけるだけの場合が多い。上司や先輩が部下や後輩に営業職員を紹介するような関係性も希薄になっている。

先ほどの生命保険文化センターの調査でも「ＧＮＰ」の威光は弱まっていることが裏づけられる。保険を契約した世帯の加入理由を見ると、「営業職員や代理店の人が知り合いだったので」は14・2％だった。２００６年調査（20・９％）から5ポイント超下がっている。一方で「希望にあった生命保険だったので」が39・３％で、06年（30・３％）から大きく増やしている。

乗り合い代理店は、家計の状況に合わせて、担当者のアドバイスを受けながら複数の生保の保険を比較して選ぶことができる。売る側との付き合いで「契約しなければならない」というプレッシャーを感じることも比較的少ない。

図表4-2　直近加入契約（民保）の加入理由（複数回答）

(%)

	希望にあった生命保険だったので	営業職員や代理店の人が親身になって説明してくれたので	掛け金が安かったので	以前から加入していた営業職員や代理店の人にすすめられたので	営業職員や代理店の人が知り合いだったので	家族、友人、知人などにすすめられたので	以前加入したことのある会社だったので	従来なかったような新しい生命保険だったので	健全な経営をしている会社だったので	民間の生命保険会社の生命保険、個人年金保険は利回りがいいから	営業職員がＦＰの資格を持つなど、専門性を有していたので	テレビ、新聞、雑誌などで、しばしば見聞きしている会社なので	加入後のサービスがよいと思ったので	通信販売やインターネットなどにより、手続きが簡単にできたので	その他	不明
平成30年調査（平成25～30年に加入）	39.3	24.8	21.3	14.6	14.2	10.8	8.6	6.3	5.5	4.2	3.7	3.6	2.8	1.1	5.0	0.8
平成27年調査（平成22～27年に加入）	35.6	20.6	17.1	14.2	17.5	12.5	6.4	6.1	4.1	3.8	3.1	3.0	2.8	1.1	4.9	0.7
平成24年調査（平成19～24年に加入）	34.4	20.8	21.5	14.6	20.1	13.0	7.8	4.5	5.4	3.8	2.1	3.9	3.1	1.0	5.6	0.8
平成21年調査（平成16～21年に加入）	33.1	20.0	20.8	15.7	19.6	12.9	9.7	6.5	6.7	2.1	2.0	4.9	3.7	1.1	5.0	1.2
平成18年調査（平成13～18年に加入）	30.3	15.9	22.9	16.3	20.9	11.0	10.8	5.9	7.1	2.5	1.5	5.6	3.4	2.1	4.7	0.7

*かんぽ生命を除く

出所：2018年生命保険文化センター「生命保険に関する全国実態調査」

従来、乗り合い代理店での販売は、自前の営業チャネルの弱い中堅生保や外資系生保が中心だった。おもに大手生保では今も、営業職員がメインのチャネルだ。

日本生命で５万４千人、第一生命で４万４千人、明治安田生命で３万２千人、住友生命で３万２千人をそれぞれ抱える。生命保険協会によると、業界全体の営業職員は近年、22～23万人前後で推移している。

大手生保の営業職員が販売する保険商品は、代理店向けやネット経由の商品と比べて割高な傾向にあるとの指摘がよくなされる。営業職員を抱えるコストがかさむため、付加保険料などが大きくならざるをえないからだ。

ある中堅生保の内部資料には、30歳男性が死亡保険金額１千万円で払込期間10年の定期保険に入った場合の試算があった。それによると、大手生保Ａは月額２６６０円、大手生保Ｂは月額２４７０円だった。一方で、ネット経由で申し込んだ場合の中堅生保Ｃは月額１０６８円、新興生保Ｄで月額９９０円。なんと倍以上の開きが出た。もちろんこれは定期保険の単純な計算だ。複雑な商品性になってくると、一概には括れないかもしれないし、契約者配当の有無や告知義務違反の危険性などもある。また大手生保の、資産の多さや知名度などがもたらす漠然とした「信頼感」も否定できない。

それでも、営業職員チャネルの商品が割高であるという認識は、業界では一般的だ。ある大手生保幹部にこうしたことをぶつけたとき、「その分、契約後にきめ細かくアフターフォローをするのが強みだ」との反論が返ってきた。

営職の勧誘

この点、私は面白い体験をした。

2019年夏、大手生保の職員から「契約の確認がしたい」と連絡があった。私の娘をこの生保の保険に加入させているのだが、定期的なアフターフォローの一環という。

「これは良いチャンス」と思い、お会いしてみた。とても感じのよい方だったが、申し訳ないことに、基本的な知識に関してさえも疑問符を付けざるを得なかった。

私　「解約したら返戻率はどれくらいか、1年ごとに知りたい」

営業職員「返戻率は……。出していませんね」

私「満期までの払い込み保険料と解約返戻金が1年ごとに記載されているので、

単純計算すればいいだけでは……」

こうしたやりとりが続いた。信じられないことだが、この職員自体が、「ご確認活動」に来たはずの娘の保険商品について、ほとんど理解していなかったようだ。私が質問するたびに、私に渡した書類を手に取り、確認していた。

しばらくして、この営業職員は「新型の医療保険が出ました」と切り出した。私の意向を聞くこともなく、パンフレットをおもむろに提示。商品の概要を一通り説明していった。

これには違和感を抱き、少し意地悪な質問をしてみた。すると驚くべき答えが返ってきた。

私　　「A生命の同じような商品と比較しながら説明してください」

営業職員　「A生命を知りません……」

私　　「あなたの会社の子会社ですよ」

営業職員　「申し訳ありません、去年入社したばかりでして……」

試すような形になってしまったのは、非常に申し訳ないと感じる。そもそも、専属の営業職員が他社商品との比較をしてはいけない。だが、さすがに自社のグループ会社の名前も知らないのはいかがだろうか。

契約確認などのアフターフォローをしようとする会社の方針などは評価したい。ただ、先ほどのやりとりは、およそ金融商品の営業とは呼べない。「顧客本位」の視点から考えるとはなはだ疑問だ。もちろん、すべての営業職員がこうではないと思うが……。

生保の乗り合い代理店は1996年に条件付きで解禁となったが、当初は影響力も微弱だった。ある代理店を展開する会社のトップが「いずれ日本生命を抜く」と発言していたことに激怒し、業界首位の日本生命が乗り合い代理店を締めつけてきた――。こんな真偽不明のうわさを当の代理店関係者が普通に語っている。

そんな日本生命がとうとう、乗り合い代理店専門に商品を供給する子会社を2019年4月に開業した。名前は「はなさく生命」。2019年7月から医療保険を投入し始めた。

営業職員が業界最多の5万人もいるだけに、自社自身と競合してしまう「カニバリ」も懸念される。これまでは本格参入してこなかったが、清水博社長は「代理店も含め、すべての販売網でトップレベルをめざす」と意気込んだ。

業界で波紋を広げたのは、自社商品を扱う代理店を2年で3300社とする目標を掲げたことだ。

２位の第一生命も代理店向けの子会社「ネオファースト生命」を14年に設けたが、販売委託先の代理店は約８００社。日生の目標は、約６千社の代理店とつながるオリックス生命などに迫る規模だ。

住友生命も２００９年に子会社「メディケア生命」を設立している。大手４生保のうち、代理店向け子会社を持っていないのは明治安田生命だけになった。

それだけ、大手生保もうかうかしていられなくなったということだ。

乗り合い代理店の死角

ただ、乗り合い代理店が良いことずくめかといえば、そうとも言い切れない。特有のリスクが指摘されており、それには乗り合い代理店の収益構造が関係している。

乗り合い代理店での相談は何回受けても基本的には無料だ。実際、私も複数回、相談に乗ってもらったが、１円も支払わなかった。

代理店は、顧客からではなく、商品の「仕入れ先」である保険会社からもらう手数料で成り立っている。つまり、顧客に保険を販売しなければ、もうからない構造になっている。保険会社は代理店に対して、自社の商品を他社よりも優先して販売してほしいと思っている。代理店に他社よりも多くの報酬や手数料を支払えば、自社の商品を優先して販売してもらえるかもしれない、と考え出すのは想像に難《かた》くない。

乗り合い代理店は、複数の保険会社から商品を比較して選べることがメリットだと述べた。けれども、生保会社から代理店への報酬や手数料が過熱すれば、顧客にとっての魅力が失われかねない。表向き「公平」を装《よそお》った代理店担当者から、実は彼らにとって「うまみ」のある商品を売りつけられるリスクがあるからだ。

そうなればある意味、保険会社専属の営業職員よりもたちが悪いといえる。営業職員なら誰が見ても、自社の商品を売ろうとしているとわかる。一方、乗り合い代理店の言葉はより公平・中立に感じられ、信頼されやすいだろう。

保険商品が効力を発揮する時期は、購入時期よりもかなり後になるケースが多く、その商品で本当に良かったのか、購入時にはわからない。高額な買い物であるうえ、販売側と顧客の間で知識や情報の格差が大きいことが一般的だ。もし代理店が顧客に「誤認」させて、特定の商品を買わせれば大きな問題だ。「ステマ」とそう変わらない。

図表４-３　乗り合い代理店の仕組み

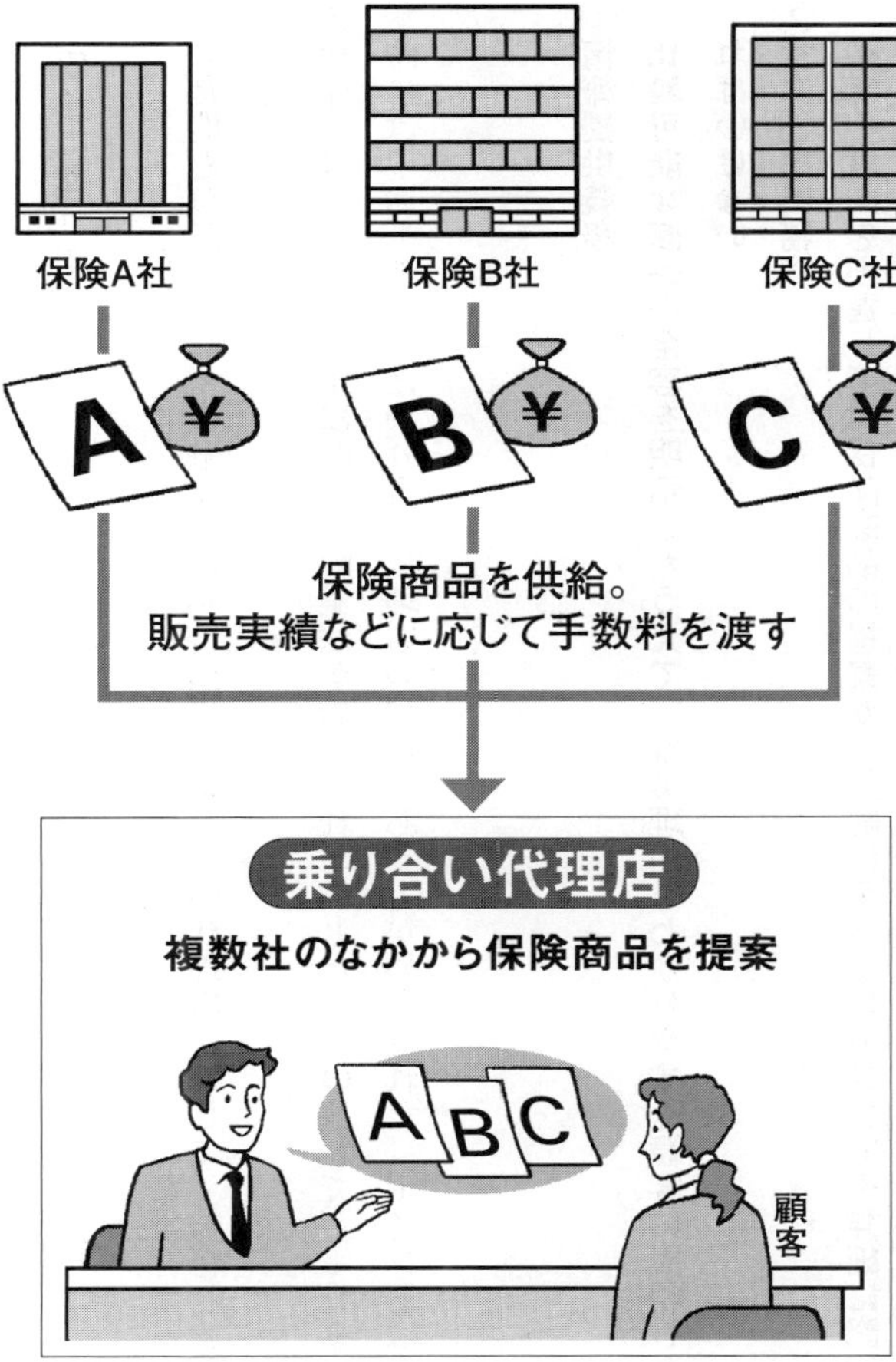

出所：筆者作成

私をハワイに連れてって

こうした問題意識もあり、金融庁は近年台頭する乗り合い代理店に対して、監督を強化してきている。

大きな節目は、２０１６年に改正保険業法が施行されたことだ。この改正で、１９９６年の解禁時には中途半端だった乗り合い代理店の営業のあり方が整理された。ポイントは次の3つだ。

①情報提供義務

比較可能な商品の全容を明示したうえで、推奨理由をわかりやすく顧客に説明しなければいけない

②意向把握義務

顧客の意向を把握して、保険商品の提案から契約に至るプロセスまでも詳細に記録し、後で確認できるようにすること

③体制整備義務
重要事項の説明、顧客情報の適正な取り扱い、委託管理を業務の適切な運営を確保するための措置を講じるようにすること
（『読みながら考える保険論』八千代出版参照）

「複数の保険会社の商品を扱う乗り合い代理店は比較可能な複数の商品の内容を教え、顧客の意向もきちんと把握して、お勧めするならその理由もわかりやすく説明しなければならない。そのための体制も整備する必要がある」。要はこのようなことを代理店に求めたのだ。

２０１７年６月、生保業界と金融庁の意見交換会が開かれ、乗り合い代理店の問題に長い時間が割かれた。

保険会社から乗り合い代理店への見返りについて、「募集手数料」と「インセンティブ報酬」に分け、それぞれの問題点が話し合われた。

前者は、代理店が保険募集をする対価として支払われるものだ。金融庁幹部はこれについて「乗り合い代理店の販売量の多寡に応じて決まるところが多く、必ずしも丁寧な顧客対応やアフターフォローなどの役務やサービスの『質』を的確に反映したものとはなっていな

い」と指摘した。

後者のインセンティブ報酬についてはより厳しく、「複数の保険会社による販売競争のもと、本来、保険商品の商品性で競い合うべきところを、営業推進面への偏重や費用の対価性に乏しい支出など、その『質』に問題があるものが認められたほか、インセンティブ報酬の高額化（『量』の問題）も進んでいる」とコメントしている。

金融庁は元々、乗り合い代理店が構造的に「自店にとって手数料などで都合の良い商品を優先的に売っているのではないか」という疑念を抱いていた。保険会社向けの総合的な監督指針では、「形式的には商品の推奨理由を客観的に説明しているように装いながら、実質的には、例えば保険代理店の受け取る手数料水準の高い商品に誘導するために商品の絞り込みや提示・推奨を行うことのないよう留意する」と定めた。

金融庁による提起もあり、業界は長い時間をかけて、生保各社の認識の「すり合わせ」をはかってきた。

舞台は、生命保険協会に置かれた「業務企画部会」。各社の営業企画部門の幹部が定期的に集まって、業界の統一的な自主規制づくりを話し合う集まりだ。

ここでの議論を経て、２０１７年12月に生命保険協会のガイドラインが見直された。

乗り合い代理店は、保険会社から次のようなインセンティブ報酬を受け取る場合、顧客にその商品をおすすめする理由をわかりやすく説明しなければならないとした。

おもな報酬は次の通りだ。

・一定の期間中に特定商品の成果に対して、保険募集手数料に加算して受け取る「キャンペーン」
・一定の販売量に偏重した基準を設定し、達成すれば保険募集手数料に加算して得られる「ボーナス」
・「マーケティング・コスト」、「業務委託費」、「広告費」、「協賛金」等の名目で、役務の対価としての実態がない、または、対価性の検証が困難な金銭等を受け取るもの
・乗り合い代理店に対する表彰・研修において、宿泊数や研修内容、行き先に照らして、社会通念から見て過度と考えられるもの

こうした報酬目当てで販売した場合、乗り合い代理店が顧客にわかりやすく説明するとは何を意味するのか。

「この保険をお勧めするのは、私がハワイ旅行につれてってもらえるからです」「この保険をお勧めするのは、他の商品よりも、私への報酬が多いからです」

こんなこと言えるはずがない。「顧客に説明しろ」というのは事実上、インセンティブ報酬をやめろ、というようなものだ。

契約の「質」を担保する方法

ここまで述べてきた「インセンティブ報酬」はあくまで、基本的な「募集手数料」に対する「プラスアルファ」の部分だ。業界はインセンティブ報酬について適正化を進める一方で、土台である「保険営業の対価」としての募集手数料についても改善を進めてきた。

先ほど述べたように、金融庁は募集手数料についても、販売量に偏重していたと指摘した。

一般的に、代理店は保険契約を1件成立させるごとに保険会社から手数料をもらう。初年度の手数料が多く、翌年以降は少なくなる「L字型」が多い。顧客の加入期間中はずっと手数料が入るわけではなく、5年や10年といった特定時期までというのが一般的だ。

たとえば代理店の主要商品である医療保険では、月払いなら初年度は毎月保険料の40～1

００％近くが入る。保険の種類や総金額、保険料特約の有無によっても手数料は異なってくる。

保険の販売実績だけを見て手数料を支払う仕組みだと、問題が生じかねない。まず挙げられるのは、その後のアフターフォローがおろそかになりがちなことだ。保険の保障期間は長期間におよぶことが多い。その間に、医療技術が進化したり、顧客にとって新たなリスクが生じたりといったことはめずらしくない。

加入する保険が、自分にとって合ったものなのか、定期的に確認する必要がある。顧客が店に来るタイプの乗り合い代理店は、店側からアプローチすることが少ない。募集手数料の支払いが販売実績だけに偏るとなおさら、こうしたアフターフォローはおろそかになりがちだ。

手数料の支払いが販売実績に偏ることのもう一つの問題は、「売った者勝ち」になってしまうことだ。顧客の理解度や満足度、代理店やその店員のコンプライアンス意識などがあろうがなかろうが、とにかく販売実績が良ければ、もうかってしまう。

その後で顧客と契約についてトラブルになったり、「こんなはずではなかった」と短期間で解約となったりしてしまえば、保険会社にとっても打撃が大きい。販売量に偏重した手数料体系では、こうしたケースを助長しかねない。

保険業界は、募集手数料の体系や基本的な考え方などを公表することで各社が合意。２０１９年度から本格的に各社の公表が始まった。

そこでは、インセンティブ報酬の有無（「有」の場合は、収束時期を明記）や代理店を評価する指標なども明らかにする。

たとえばこのテーマで「最も進んでいる」との評価が多い明治安田生命は、４月から販売手数料を以下のように見直した。

販売手数料＝「基本手数料」×「業務品質係数」

基本手数料は、保険商品の種類、期間、支払い方法といった契約内容に関する要素と、代理店が明治安田生命をどれだけ売っているか、そうした商品がどれだけ長期に継続しているかといった要素で決まる。

そして業務品質係数は、代理店における内部監査などの体制、ＦＰ取得者数、苦情件数や顧客満足度の高低といった代理店や担当者個々人の「業務のクオリティー」で決まる。この係数の多寡で、販売手数料が3割増しから5割減となる。

日本生命も、保険代理店向けの手数料体系を4月から変えた。代理店に販売手数料を払うときの評価で、保険商品の販売量だけでなく、「契約の継続率」や「顧客への説明体制」も加えた。従来の手数料体系に「品質ランク」を加え、配分額を変える。2年以上契約が続く割合を「継続率」とし、85％以下だった場合などにランクを下げる。代理店が置くFPなどの資格者割合や法令順守の状況も考慮する。このランク付けによって、最大3割ほど手数料に差が出るという。

オリックスの大胆すぎる報酬

紹介した通り、インセンティブ報酬や手数料体系について、業界は適正化に向けて動いている。ただ、「一枚岩」では決してない。

そもそも、各社は顧客を奪い合う競争相手だ。「なぜ他社と同じにしなければいけないのか」という声も根強い。

そのうえ各社で置かれた状況が異なる。自社専属の営業職員の比重が大きい大手生保と、乗り合い代理店に依存する中堅生保などでは、代理店への報酬を重視する度合いも異なる。しかし、どちらかというとこの議論は、販売において自社の営業職員の比重が大きい大手生保が主導している。

「手数料体系が販売量に偏重している」と業界で指摘されたある中堅生保の幹部は、私が取材すると不満をあらわにした。

「大手生保は大きなコストをかけて営業職員を抱えている。そうしたコストを抱えていない生保は代理店への還元に回せる。それの何が問題なのか」

「商品自体でいえば、我々の方が大手よりも明らかに安い。営業にコストをかけて高い保険を売っているのはむしろ大手だ」

こうした声は、中堅生保や外資系生保の間ではさかんに聞かれる。不協和音が鳴り響くなか、ある「事件」が業界を揺るがした。


「オリックス生命、初の値下げ」

2018年8月中旬、ある大手経済紙に大きく見出しが躍った。オリックスが医療保険『新キュア』などの保険料を10月から値下げることを報じた記事だ。プレスリリースが投函される当日の朝刊。いわゆる「特ダネ」の扱いである。

医療保険は各社が投入し、競争が激しい分野。長寿化や医療技術の進化で医療費が上がっているため、本来は値上げが必要だと見られていたなかでの決断だったことが詳報されている。

実は、この記事では一切触れられていないオリックス生命のある決定内容が、この頃業界の波紋を広げていた。

オリックス生命が代理店向けに配った資料「10月改定について」が、私の手元にある。そこでは主契約保険料の引き下げが、たしかに明記されている（ただし「その他特約保険料は最低限の引き上げに留めています」とあり、実は特約部分が引き上げられている）。

ただし、その改定よりも先に代理店向けの手数料改定が明記されていた。

「インセンティブ額が１・５倍に」、「年間業績が１５０％伸びた場合のインセンティブ率が3％から13％になる」との案内が目立つ形で書かれているのだ。

結局、値下げという商品性の向上よりも、手数料の引き上げの方が代理店への強いアピールになると、オリックス自身も考えているのではないか。そうと勘ぐってしまう内容構成だ。

とはいえ、そこまでは想定の範囲内だった。しかし、新たに設定するとした手数料体系が

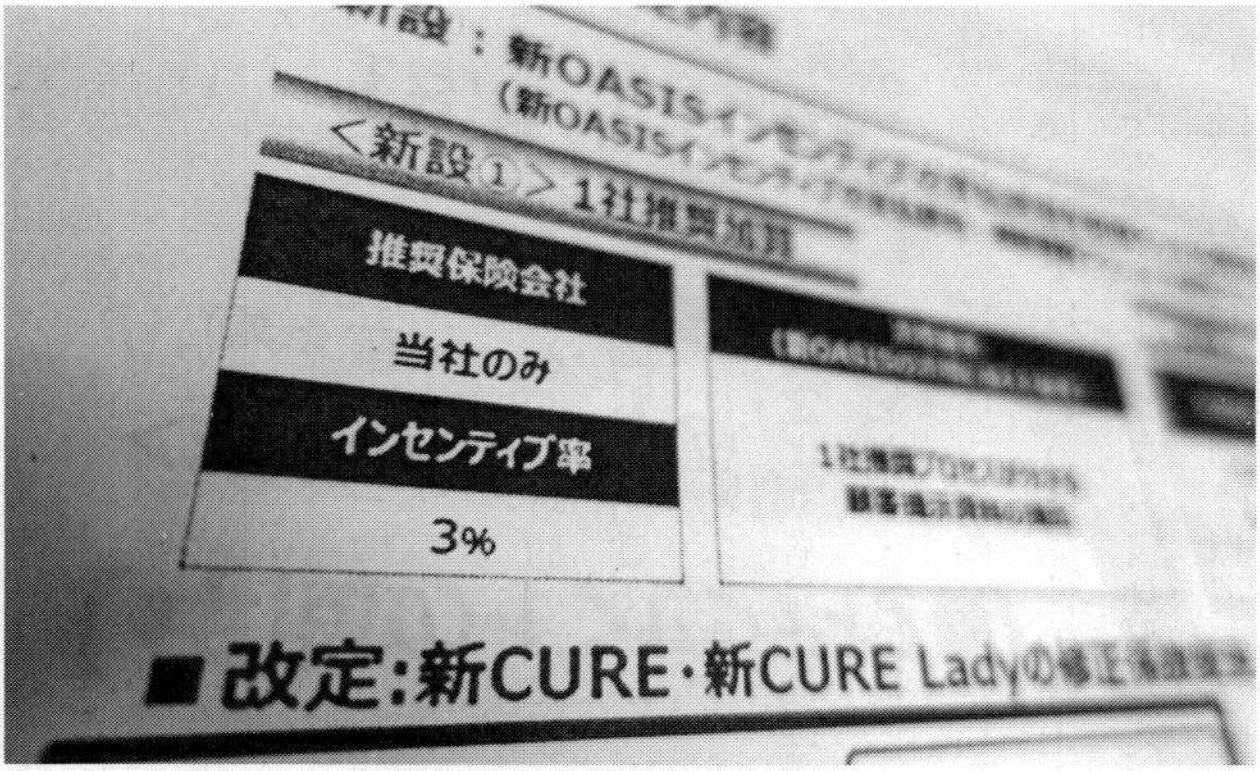

「1社推奨加算」と記されたオリックス生命の資料

業界に衝撃を与えた。

「1社推奨加算」

乗り合い代理店で他の保険を勧めずに、オリックス生命だけを推奨して契約成立した場合、手数料が3%上乗せされるというものだ。顧客に対して本当に1社だけを推奨したことがわかる資料の提出が条件になるという。

これには業界が騒然となった。代理店に自社の商品を推奨してもらうためにインセンティブ報酬を支払うことが批判されてきたが、オリックス生命はそれを飛び越えて、そもそも自社だけを推奨すれば報酬を上乗せするという大胆なものだった。

これには金融庁も激怒した。「1社だけを推奨すると手数料が上乗せされることを、顧客へ合理的に説明できるのですか」。金融庁の担当者は、説明に呼び寄せたオリックス生命保険の幹部にたたみかけた。当初想定された時間を大幅に上回り、２時間近く議論は平行線をたどった。

結局、オリックス生命の報酬体系は金融庁への理解を得ることができず、断念に追い込まれた。

手数料改定を説明する資料の最後には、「ほかにはないアンサーを。」というオリックスのブランドスローガンがある。ある大手生保の関係者は、「業界が代理店の手数料改革を進めるなか、オリックス生命はこれが答えなのか」と憤っていた。

後を絶たないインセンティブ

年が明け、ガイドライン公表から１年以上経った２０１９年。相変わらず、代理店向けの過剰なインセンティブ報酬は後を絶たなかった。

「収入保障特約　推進キャンペーン」

ある損保系生保は、こう銘打ったチラシを代理店向けに配った。２０１９年5～6月の保険契約を対象に、特定の保険特約を売れば、商品券がもらえることをアピールしている。

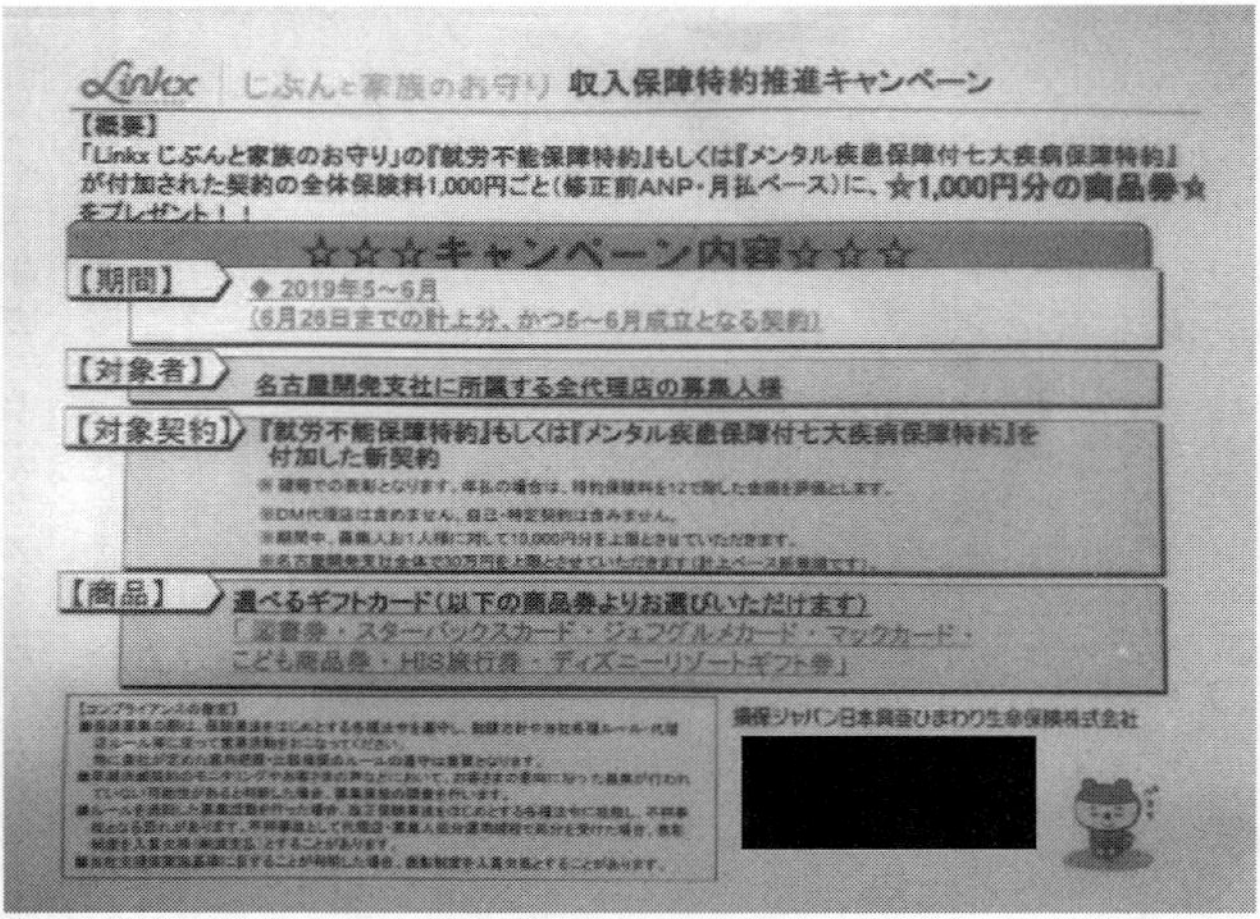

代理店向けの資料下部には商品名が並ぶ

「全体保険料１０００円ごとに☆１０００円分の商品券☆をプレゼント！」

　商品券に図書券やスターバックスカード、ＨＩＳ旅行券にディズニーリゾートギフト券など、種類も豊富だ。

　こうしたインセンティブは、顧客にとって本当に必要かどうかよりも、代理店にとって「うまみ」がある商品を優先的に販売することを助長しかねない。

　キャンペーンを予告したこの生保は、私の取材に「問題があると認識しており、キャンペーンの実施を即刻とりやめた」（広報担当者）と答えた。

　このキャンペーンは特定の支社が実施を決定したそうで、本社の目が届いていなかったのが原因という。「今後は本社によるチェック体制を強化する」（同）としている。

ただ、これは氷山の一角にすぎない。ある外資系生保は、代理店に表彰研修・勉強会を企画。開催予定の地は「沖縄」とした。

また、私が２０１９年春に入手した業界の内部資料によると、損保系や外資系を中心に6社ほどが疑問視されていた。

金融庁も19年2月に行われた生保幹部との意見交換会で、再び苦言を呈した。

一部の生保が、「マーケティング・コスト」をやめた代わりに、一定の販売量を超えた代理店には手数料を上乗せするボーナス体系を導入したと指摘。「代理店の一部でその生保の商品ばかりを販売した結果、マーケティング・コスト減収分の3倍以上にあたる数億円の手数料を得た事例もあった」と明かした。

「昨年度以降、表彰旅行や研修旅行などは実施しているか」「どのようなキャンペーンに対し、どのような報酬を支払っているか」。金融庁は同年4月には、生保各社に対してこのようなアンケートを送付。一部生保に対して聞き取りを実施した。

こうした混乱のさなか、業務企画部会の部会長（当時住友生命）は5月中旬、会員各社に注意喚起した。依然として疑問のあるインセンティブ報酬がなくならないことへの強い危機

図表4-4　代理店への報酬が疑問視された主な生保会社

社名	種類	内容
SOMPOひまわり生命（当時別名）	キャンペーン	一定期間に特定商品の成果に対して手数料を加算
東京海上日動あんしん生命	キャンペーン	同上
メットライフ生命	・ボーナス ・業務委託費など	・販売量に偏重した基準に達すれば手数料を加算 ・役務の対価性の実態がないまたは検証が困難な報酬を提供
朝日生命	業務委託費など	メットライフ生命の業務委託費などと同じ
オリックス生命	ボーナス	メットライフ生命のボーナスと同じ

出所：生保業界の内部資料より筆者作成

感がうかがえる内容だ。部会長の会合での発言をまとめると次の通りである。

「業界内では現時点においても『比較推奨をゆがめるおそれのあるインセンティブ報酬・手数料規程』が散見される状況にある。本課題に対する当局との温度差は引き続き大きいと認識していることは、繰り返しお伝えしてきた通りだが、このような事例が今後も散見されるような状況にあっては、業界として、各方面から自浄作用が働かない問題のある業界と見られかねない」

そして、会員各社に「一般乗り合い代理店に対するインセンティブ報酬に係わる注意喚起および比較推奨販売を行う際の留意事項について」と題した文書を代理店に送るよう通知。改めて、インセンティブ報酬についての業界の考え方を示し、自制を促した。

アフラックとの全面対決

こうした状況のなか、ついに決定的な対立を巻き起こした社が現れた。

アフラック生命だ。

同社は１９７４年に日本で初めてがん保険を発売。がん保険や医療保険は既存の生命保険や損害保険とは異なるため「第三分野」と呼ばれ、当時は国内大手生保の参入が制限されていたので、外資系や中堅生保の市場だった。２００１年に規制はなくなったがアフラックは先行メリットを生かし、がん保険、医療保険でシェア１位を長年維持している。

「6月までに新契約で50万円達成した代理店は、20%の営業支援費を上乗せ」「推進施策」と題された数枚の文書には、こうした文言が盛り込まれていた。

２０１９年春、アフラック生命が乗り合い代理店向けに配った手数料の案内だ。４月から３カ月が対象期間。この間にがん保険や特約などで特定の基準を達成すれば、通常の手数料に加えてボーナスを支給するのが目玉となっているように読める。

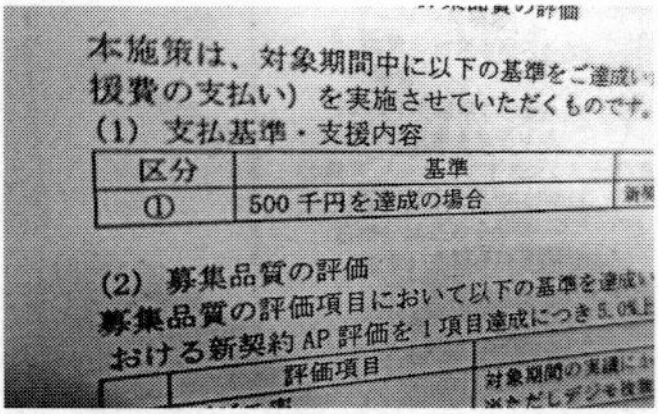
本施策は、対象期間中に以下の基準をご達成い
援費の支払い）を実施させていただくものです。
(1) 支払基準・支援内容

区分	基準
①	500 千円を達成の場合

(2) 募集品質の評価
募集品質の評価項目において以下の基準を達成い
おける新契約 AP 評価を 1 項目達成につき 5.0%
評価項目

「推進施策」と題されたアフラック生命の資料

これまで述べた通り、こうした特定の時期にノルマを達成した場合に報酬を上乗せするキャンペーンは、いまや「禁じ手」とされる。

この文書には「第三者へ開示又は漏えい」を禁止したうえで、変更・中止の場合として「行政動向」も加えられている。

折しも業界はインセンティブ報酬の適正化に向けて躍起になっている時期。5月中旬には会員各社に注意喚起の文書を通知している。「また変なことをしている社が出てきた」。「推進施策」の案内を発見した業務企画部会は騒然となった。

ちなみに、業務企画部会には、さらにその下に「代理店実務勉強会」という任意組織がある。定期的に集まって、インセンティブ報酬など代理店にまつわる諸課題などを議論しており、業界での統一的な意見形成をはかろうとしている。

関係者によると、この勉強会にアフラックの幹部が呼ばれ、複数回ヒアリングを受けた。部会長が「インセンティブ報酬と見なされる事例が発覚した」とし、アフラックに通知したのは5月20日だった。

それから複数回、勉強会に呼ぶも、「実態調査中」「回答を控える」といった回答が目立ち、煮え切らなかった。主要メンバーである大手生保幹部らはいらだちを募らせていた。

ある日の会合では、アフラックが何も資料を提示せずに説明することに、大手生保幹部から苦言が出た。

「過去にも何度も提出を依頼させて頂いている。隠そうとしているのかと思ってしまう」とまで発言。これに対して、アフラックは「当局には報告している」などと応戦した。

手数料体系の公表時期についても議論が及んだ。先ほど述べたように生保各社はこの時期、代理店への手数料体系などに関して、基本的な考え方の公表を順次進めていた。

アフラックは結局、6月末にこれを公表。その直前には金融庁にも提出していた。勉強会は「公表の前に勉強会で説明してほしい」と再三要望していたが、アフラックは結局、実施しなかった。

生命線の「単独推奨型」代理店

いずれにせよ、当局に提出した資料でようやく、乗り合い代理店の手数料に関するアフラ

図表4-5　アフラック生命の乗り合い代理店区分

アフラックの専門代理店を出自とするが、96年に保険法が改正され、他の保険商品では他社の商品を扱うようになった代理店

乗り合い代理店	
比較推奨型	単独推奨型
*一般的な生保の乗り合い代理店 ・共通の手数料体系	*アフラックのみが主張 ・代理店ごとに手数料が異なる ・固定の手数料も付与

出所：筆者作成

ックの基本的な考え方が判明した。

これまで業界の整理では、代理店は1社の商品しか扱わない「専属代理店」と、複数の社の商品を扱う「乗り合い代理店」の2種類がある。インセンティブ報酬が問題視されているのは、後者だ。

だがアフラックは、後者をさらに二つに分ける。それが「比較推奨型」と「単独推奨型」だ。前者は従来のイメージの乗り合い代理店。後者は、がん保険や医療保険といったアフラックがカバーする保険種類において、同社商品のみを推奨・販売する乗り合い代理店を指す。保険勧誘のプロセスで初めから「アフラックしか扱っていない」と明示するという。

非常にイメージしにくいが、アフラックにとってこうした分類は死活的な意味を持っている。

アフラック生命は外資系の先駆けとして日本の生保市場に参入した「黒船」。国内で初めてがん保険を販売した。

同社が目をつけたのは、企業が福利厚生の一環で立ち上げたような代理店。ここで自分たちの商品を売ってもらうことで急速に販売を拡大させた。国内大手生保と競合するのは厳しく、営業職員を主要なチャネルとする彼らとの「棲み分け」をはかる戦略だった。

その後、１９９６年に保険業法が改正され、乗り合い代理店が解禁となった。こうした経緯から、がん保険や医療保険は同社商品を専属的に販売するが、たとえば変額年金保険は他社商品を扱うといった代理店、アフラックがいうところの「単独推奨型」が少なくないのである。

アフラックにおいてこのような代理店のシェアは大きく、専属代理店と単独推奨型で新規保険契約の販売実績の90％近くを占めるという。比較推奨型では共通の手数料を支払うが、単独推奨型では代理店ごとに個別に判断して手数料を支払うとしており、この仕組みは専属代理店と同様だ。

そして単独推奨型では、代理店ごとに個別に支払う固定費の割合が大半を占める。これまでの業界の整理では、乗り合い代理店に対する「対価性」のない固定費は「禁じ手」となっていた。

アフラックが単独推奨型の店へ支払う固定費が、「マーケティング・コスト」や「協賛金」といった、業務の対価として実態のない報酬ではないかとの見方についても、アフラック専属の来店型店舗を出店する際の支援など、最初から単独推奨を前提とする募集への「対価」とした。

袋だたきの末の決裂

公表から数日後に開かれた例の勉強会。生保協会のメンバーはいつになくいらだっていた。

大手生保A社幹部「まず何度も公表前に説明してほしいとお願いし、各社そうした対応をとってきたが、公表後の事後的な説明になった。どういう認識か？」

アフラック幹部「申し訳ない。金融庁への説明で『問題ない』とのことになり、社内では公表するということになった」

A社幹部　「乗り合い代理店の看板を掲げているなかで、専属と同じような扱いです、というのはお客様に理解されるのか」

アフラック幹部　「当局からも同じように、顧客が誤認しないようしっかり対応して下さいと言われた。最初にアフラックの商品しかお勧めできませんと宣告したうえでお勧めしている」

２０１９年春に企画した、３カ月の期間中に特定の保険を一定額販売したら報酬を上乗せするキャンペーンについても質問が飛んだ。

A社幹部　「3カ月ごとであたかもキャンペーンのように見える。比較推奨をゆがめかねない」

アフラック幹部　「1年間の期間に対して3カ月ごとの案内になっていた。社内のルールであったのは事実。３カ月ごとにあおるなどの目的ではないので、今後は案内を見直す」

こうしたやりとりが続いた後、前年度に部会長を務め、この問題の議論を主導してきた日本生命の幹部が切り出した。

「こういう解釈をしていたのだと、はっきり言って驚いている。非常に残念だ」

とくに問題視したのは、複数の商品を取り扱う乗り合い代理店であるのに、専属代理店と同じように手数料や固定費を代理店ごとに決められるという部分だった。法律上は乗り合い代理店だが、がん保険や医療保険に関してはアフラック単独の販売なので、手数料体系は専属代理店と同様であるとの説明に、大手生保側は納得しなかった。

アフラック幹部による「代理店としては乗り合いだが、ショップとしては単独である」といった説明も反感を買った。

だがアフラックからしてみれば、2016年の改正保険業法施行の前から普通に採用してきた区分なのだ。乗り合い代理店の「新参者」である大手生保が主導する会合で勝手にルールを作られ、そのうえ文句を言われる筋合いはないのである。

そして、とうとう決定的な決裂に至る。

日本生命幹部

「４年近く勉強会をやっているが、そのあり方を考え直さなければいけない。みなさんと手数料の適正化に取り組んできたつもりだった。乗り合い代理店であっても、一部は専属と同じ取り扱いをしていいのだという考えを初めて私はわかった。私は違う解釈だと思っている」

これまで業界で問題意識をすり合わせ、インセンティブ報酬の問題を適正化してきたのに――。日本生命幹部はこうした思いから、怒りをあらわにし、「ガイドラインの改正案をむしろアフラックで出してほしい」とまで言い切った。

会合の後、アフラックは勉強会のメンバーから外されることになった。

この一件は、業界で共通の目線に合わせることの難しさを露呈させた。そもそも競合するライバル同士が重要な営業戦略の一部で、折り合いをつけられるのか。

勉強会では「袋だたき」にあったアフラックだが、金融庁に提出した資料では、次のような「苦言」も忘れていなかった。

営業施策を含む代理店手数料体系は、そもそも各社が主体的に創意工夫し、その経営

判断として定めるものであって、保険会社間の公正で自由な競争にゆだねられていると理解しています。

保険会社はその販売チャネル（営業職員チャネルと代理店チャネルの比率など）なども多様であることから、生命保険協会においては、各保険会社の多様性を十分考慮にいれた公平かつ公正な議論がなされる必要があります。

この点、貴庁におかれましても、「顧客本位の業務運営に関する原則」や保険業法の趣旨の貫徹にとどまらず、生命保険協会において公平かつ公正な議論が行われるよう、引き続き必要なご指導、ご鞭撻をいただきますよう、何卒よろしくお願い申し上げます。

日本生命を売ってオリンピックへ行こう?

アフラックと大手生保の「対決」を取材していた私は、別の観点からも違和感を抱えていた。何よりまず述べなければいけないのが、日本生命の次のような事例だ。

日本生命幹部が「みなさんと一緒に勉強会で手数料の適正化に取り組んできた」と気炎を吐く約2週間前の6月17日。私は横浜にいた。

手には一枚のチラシを握りしめていた。「第20回　SUPER　NISSAY　AGENCY　CLUB」とある。

日本生命の商品を販売する有力代理店を集めたパーティーだ。チラシには次のようにある。

「日頃より弊社社業を大きくご牽引いただいている皆様に、心よりの敬意を表するとともに、皆様との、より強固なパートナーシップ構築に向け、部門創設20年となる来年度は〜略〜横浜にて、開催させていただきます」

なかでも目を引いたのが、『東京２０２０オリンピック観戦チケット』が当たる抽選会を開催予定！」の文言だ。日本生命は東京オリンピックのゴールドパートナー。開会式や陸上競技などの人気チケットを豊富に確保している。このご時世に、よりによって乗り合い代理店へのインセンティブ報酬に使うとは、にわかに信じがたかった。

このパーティーへの参加条件は「代理店で40億円以上の販売で２名招待」など、販売実績を考慮したもの。しかも案内を送付したのは前年度だ。代理店サイドが「日本生命を売って東京オリンピックに行こう」と思っても不思議ではない。

折しも、一般の人の五輪チケットの抽選時期と重なっており、チケットへの応募が殺到しているとのニュースがちょうど報じられていた頃である。

日本生命が代理店へ配布したチラシ

勉強会で議論を主導した日本生命は、他社の沖縄などへの研修旅行について厳しい態度で挑み、撤回に追い込んでいる当事者だ。

横浜駅から老舗ホテルまで歩いて向かう間も、「本当にやるのだろうか」と半信半疑だった。

3階にあるパーティー会場の前に到着すると、スーツ姿の人々が続々と入っていく姿が見えた。会場前には、アスリートの等身大パネル。やはり実施していたか。ため息がもれた。

その後、この問題が報じられると、日本生命は東京五輪のチケット配布を急きょ撤回した。開会式のチケットも含まれていたそうなので、せっかく当たった代理店は激怒するのでは、という余計な心配もなくはないが、いずれにせよ、それだけ批判が強かったのだろう。

ある中堅生保関係者は一連の行動に対して、「明らかに行きすぎた行為だ。業界のガリバーとして他社の動向には厳しいが、足元のガバナンスはどうなっているのか」と語る。

日本生命の一件ははからずも、手数料問題の難しさを露呈させた。社内的にも、業務企画部会に参加する幹部が自社のパーティーを知っていたわけではないはずだ。業界で各社が目線を合わせるどころか、社内での意思統一すら一筋縄でいかないということだ。

たとえば仮に本社が方針を決めても、営業戦略や予算の一部は支社にゆだねられている。本社のなかにも経営企画部門や営業部門など、異なる部門間でどれだけ意思統一がはかられるかは、各社の実情によるだろう。

実際、他社で問題視されたインセンティブ報酬の多くは支社の独自判断で実施されていた。

噛み合わない利害

金融庁や大手生保を中心に乗り合い代理店へのインセンティブの問題で躍起になることについては、そもそもの不満も多い。とくに乗り合い代理店側からは疑問の声を頻繁に聞いた。全国で代理店を運営する大手代理店の幹部は、次のように話す。

「ぶっちゃけて言うと、もらえるものはインセンティブでも何でももらいたい。どんなに業界が是正に動いて表面上なくなっても、結局は別の形で出てくるだろう。どんどん巧妙になっていくだけではないだろうか。

ただ、『手数料が高いものばかり売っているんでしょ』という風潮があるが、これはおかしい。手数料が良くてもおかしな商品だったら、さすがに顧客が手を出さない。いい商品だから売れているのは間違いない。いくつか良い商品があるなかで、他の条件が同じなら手数料が多くもらえるものをお勧めすることはありうるだろうが」

この幹部は一方で「代理店もピンからキリまである」とも述べる。次章で取り上げる「節税保険」のように、1回の契約で手数料が数百万円も得られるようなケースもある。

また、別の代理店幹部からは、なぜ金融庁がそこまで口を出すのか、という声も聞かれた。「保険会社と代理店という『民民契約』の話。余計なお世話としかいいようがない」と手厳しい。

乗り合い代理店市場は医療保険やがん保険、就業不能保険といった「第三分野」がメインだ。この種の保険は、生保各社の競争が激しい。独自商品がヒットしても、すぐに類似商品を他社が投入してしまう。保険商品には「特許」がとれないという特性もあり、商品性で大きな違いが打ち出しづらいのも事実だ。

このため、どうしても、代理店に営業攻勢をかけて自社の商品を売ってもらおうとしがちな構造になっている。

一方で、大手生保を中心とした営業職員の販売体制はなぜ、ほとんど議論になっていないのかという疑問も残る。

ここまで述べてきたように、乗り合い代理店へのインセンティブ報酬をめぐっては、「公平な比較をゆがめかねない」という観点から、金融庁が厳しく監督してきた。だが、１社専属の営業職員は「１社しか売り込まないから」という理由で、実態が十分に検証されていないように感じる。

商品性が複雑なうえ、将来に大きな影響を及ぼす保険商品にあって、１社の商品だけを推奨するというあり方が、顧客の最善の利益を追求するという「顧客本位」に合致するのか、というそもそもの問いも十分ありうるはずだ。

根が深いのは、生保業界でこうした販売ルールなどを議論する業務企画部会は、大手生保

4社が強い影響力を持つ点だ。金融庁との窓口も4社が担うことが多い。

中堅や外資系生保には、乗り合い代理店に関するルール作りをそもそもなぜ「新参者」の大手生保が主導するのか、という不満もくすぶっている。そして、大手生保の主要な販売網である営業職員はなぜ議論されないのかとも。

根本的なゴールは、顧客が自分にとって最も良い商品を選べることである。乗り合い代理店のあり方を議論することは必要だ。しかし、代理店の課題だけをことさらやり玉に挙げるのは違和感が残る。

金融庁も、「顧客本位」を掲げて販売のあり方にメスを入れるなら、販売チャネルごとのメリット・デメリットを比較・検証する視点が重要ではないだろうか。「不公平な審判だ」との声は、代理店や中堅・外資系生保の界隈から日増しに強まっていると感じる。

いずれにせよ、乗り合い代理店の存在感がさらに増していく可能性は高い。同時に、横並びが常だった生保各社の間で最も大きく利害が対立する分野でもあるので、業界のイメージが今後、どう形成されていくかは非常に重要だ。

公平・中立に保険商品が選べるチャネルとして、本当に顧客に支持されるようになるか。業界のモラルが問われている。

第5章　「節税保険」の罠

「パンドラの箱」を開けた『プラチナフェニックス』

2017年4月、ある保険商品が発売された。日本銀行の金融緩和などによる超低金利が生み出した「変種」とでもいうべきか。私も、初めてその保険を知ったとき、「果たしてこれは保険なのか」と驚いた。

それが、業界首位の日本生命保険が開発した『プラチナフェニックス』（以下、一部で『プラチナ』）だ。「経営者保険」の一種で、発売するや否や、1年間で5万件超を売り上げた。この種の保険は年間1万件も売れれば「ヒット」とされるなか、異例の売り上げとなった。この商品を皮切りに「節税保険」がブームとなり、経営者保険の市場は、2017年度の業界の推計では、1兆円に迫る規模にふくれ上がった。

『プラチナ』の正式名称は「ニッセイ傷害保障重点期間設定型長期定期保険」。何を言っているのか、まったくわからないだろう。要は、法人が契約する定期保険の一種だ。おもに中小企業が法人として契約し、経営者や役員らを被保険者（彼らが死亡した際に保険金が支払われる）とする。経営者らが一定期間内に死亡したり、事故にあったりした場合、保険金が法人に支払われる。

この保険商品を説明する前に、経営者保険について少し解説したい。

経営者や役員の死亡や事故は、企業の経営上、大きなリスクだ。とくに中小・零細企業にとっては死活問題だろう。このため、法人が契約し、経営者や役員の死亡などに備える定期保険は原則、全額を経費（全額損金）として扱うことが認められている。つまり、法人税などの課税対象外だ。

なぜ定期保険かというと、満期になっても、基本的にはお金が戻らないからだ。養老保険のように貯蓄性のある保険とは違って、「掛け捨て」の性質を持つ。これが、国税庁が全額経費扱いを認める発想の前提にある。

『プラチナ』を筆頭とするいわゆる「節税保険」は、この「定期保険は全額経費扱い」という原則を巧妙につく。その仕組みを理解するためには、もう一つのルールを紹介する必要がある。「保険料は全期間を通じて平準化（平均化）する」という原則だ。

年齢ごとのリスクや必要な保険金額に応じて保険料が変動すれば、高齢になるほど負担が重くなってしまう。年齢ごとに必要な保険料を完全に一致させた場合、そもそも保険に入る意味は乏しくなってしまう。こうした難点を解消するのが「平準化ルール」だ。

若年期も更年期も保険料を平準化することで、全世代のリスクやそれに対する負担を一つにまとめる。すると、若い時期には高齢になったときの保険料をいわば「前払い」するような形となる。

このルールがあるため、ほとんどの保険では契約初期に前払い分の「積立金」が発生する。「掛け捨て」であるはずの定期保険も、「積立金」をつくることが可能となるわけだ。

たとえば、保険期間を極端に長くとって、かつ後期になるほど、保険会社から支払われる保険金額が増える設定にしたとする。本来、後期の方が保険料も高くなるはずだが、平準化されているため、全期間を通じて保険料は一定だ。

すると契約初期の段階では、保険料の前払い分が多く発生する。この間に中途解約すれば、前払い分の保険料が「解約返戻金」として戻ってくる。

「節税保険」では保険料が全額経費である、というルールを使い、利益の出ている会社に「課税されないよう保険に入れ」と勧誘する。契約初期に保険料の前払い分を多くすることで、「積立金」のように保険料をためる。特定の時期に中途解約すれば、手元に多額のお金が戻るというわけだ。以上が「節税保険」の大まかな仕組みである。

「もうかっていますね、節税できますよ。全額経費になる保険に加入して利益を圧縮して、

図表5-1　「節税保険」のイメージ

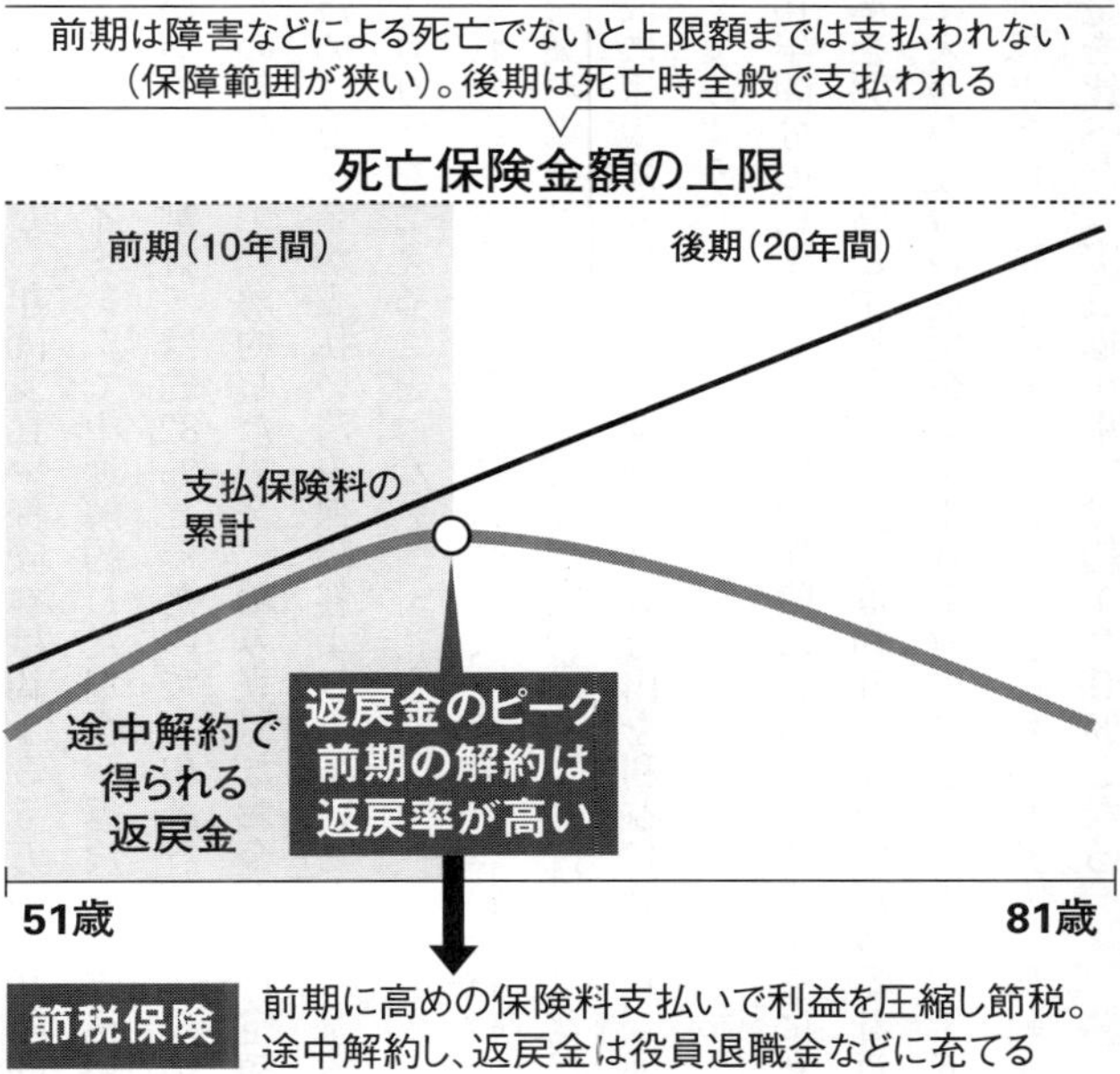

出所：筆者作成

法人税の支払いを減らせます。途中で解約すれば、支払った額の大部分が取り返せます」

　こうした税金逃れの「財テク」を勧めるセールストークは「節税保険」の常《じょう》套《とう》句《く》だ。業界では「節税話法」、あるいは「損金話法」と呼ばれる。

　たとえば、当時の資料をもとに『プラチナ』で考えてみる。

　私の手元にある募集資料を参考に計算すると、50歳のときに加入し、年間支払い保険料は約135万円。10年間払い続けると約1350万円とある。このタイミングで中途解約した場合、返戻率（支払い済み保険料に対して返戻金として戻ってくる割合）は約82％だったので、単純計算で返戻金は約1107万円となる。

この保険は中途解約した場合、積み立てたお金から一定額が差し引かれて戻ってくる。そのため、返戻金が支払い済み保険料よりも多いことは、基本的にはない。すなわち、返戻率が100％をこえることはない。

それだと、誰も「財テク」目的で入りたいと思わないのではないだろうか？

営業現場では、ここで、「実質返戻率」あるいは「参考返戻率」というワードが登場する。

仮に保険に入らず、年間約135万円を利益に計上し、通常通りに法人税を払った場合を考えてみよう。

10年間分の約1350万円を保険に入らず、そのままに利益として計上したとする。法人税率を33・8％とすると、手元には約894万円が残る計算になる。この額を、先ほどの保険に入った場合の返戻金（1107万円）と比べると、手元に残るお金は保険に入った方が2割ほど多い。税金を払い続けた場合に残る利益と、保険を契約して中途解約した場合の返戻金を比べた「実質返戻率」は約120％となる。

営業ではこれをもって「保険に入った方が、利益を出して法人税を払い続けるより２割もお得だ」とアピールする。

実はこの話法は、かなり不正確なもので大きな問題をはらむのだが、それについては後述する。

日本生命の変わり身

こうした「節税保険」は実は数十年前から、たびたびブームとなってきた。いくつか代表的なものを簡単に述べたい。

・長期平準定期保険

保険期間を長くとる。死亡のリスクは通常、若い頃低く、高齢になるほど高まる。このため、保険金の初期には保険料の前払い分が増え、この間に中途解約すれば、返戻金が多く戻ってくる。

・逓増《ていぞう》定期保険

保険期間が後期になるほど、支払われる保険金が増える。このため、保険金額の低い契約初期には保険料の前払い分が増え、この間に中途解約すれば、返戻金が戻ってくる。

いずれも節税目的での加入が目立ち、課税ルールの本来の趣旨をゆがめるとして、国税庁は税務取り扱いを見直している。具体的には、個別の通達を出し、保険料の一部を経費に算入できなくした。２００８年に逓増定期保険が規制対象となり、通達が出されて以降、「節税保険」市場はしばらく下火になっていた。

こうしたなか、再び規制の網をくぐって生まれ、大ブームを巻き起こしたのが、日本生命保険の『プラチナフェニックス』というわけだ。

この保険は、前期と後期で保険金額を変えるのではなく、「保障内容」を変えたところが新しい。前期はおもにけがによる死亡、後期はけがに加えて病気などによる死亡を保障する「2段階」にした。

けがで死亡するリスクは病気に比べて少ない。当然、前期に比べて後期の方がリスクは大きくなる。したがって保険料も高くなるはずだが、保険料の平準化ルールがあるので、前期には保険料の「前払い分」が増える。そのため中途解約での返戻金が大きくなる。

さらにこの保険は、加入の条件に医師の診断書が必要なく、ハードルが低い本人の告知だけで済む。非常に入りやすいのも特徴だ。

『プラチナ』は２０１７年４月に発売されるや否や人気に火がつき、中小企業の経営者らの間で大ヒットとなった。

この日本生命の動きに、業界は驚いた。ある大手生保幹部は振り返る。

「これまで規制の裏をつくような保険は、一部の外資系や中堅生保が『こっそり』と販売するだけだった。それが、業界の『綱紀粛正役《こうきしゅくせい》』である日本生命が率先するとは思わなかった」

以前に「節税保険」絡みで国税庁が規制をかけた際には、むしろ日本生命が業界の悪弊《あくへい》をとりしまるよう、当局に「圧力」をかけたともうわさされるくらいだ。

利用された大阪国税局

『プラチナ』の発売前には、紆余曲折《うよきょくせつ》もあった。日本生命は２０１７年４月の発売直前、

「NISSAY NEWS 特別号」と題したチラシを保険代理店向けに配布した。「代理店様限り／お客様配布・提示厳禁」と明記されたそのチラシには、新商品のポイントが簡潔に記されている。

ポイント① 万一のとき、（傷害）死亡保険金を事業保障資金等の財源として活用できる
ポイント② 資産形成効果が高く、解約払戻金を退職慰労金等に活用できる

先ほど書いたように法人定期保険は本来、貯蓄機能がない「掛け捨て」だ。そのため、全額経費扱いが認められている。ポイント②にある「資産形成効果が高く」とは、その趣旨を逸脱する宣言にもとれる。

そもそも、金融庁の保険会社向けの総合的な監督指針では、「保険本来の目的に沿った利用が行われるための適切な募集活動」を求めている。

そのなかの具体例では、まさに「節税保険」に該当する項目がある。

「法人等の財テクなどを主たる目的とした契約又は当初から短期の中途解約を前提とした契約等の保険本来の趣旨を逸脱するような募集活動を行わせない」

ただ、ここまでは（後続の生保を含めて）顧客向けのパンフレットにも記載されているような内容だ。しかし日本生命は、さらに一歩踏み込んでいた。それは、「税務の取り扱い」を書いた次の部分だ。そのまま引用する。

プラチナフェニックスは、定期保険（一定期間内における被保険者の死亡を保険事故とする生命保険）に該当するものと考えられ、個別通達「法人が支払う長期平準定期保険等の保険料の取扱いについて」に該当するものは１／２損金、法人税基本通達９－３－５「定期保険に係わる保険料」に該当するものは全額損金となります。（大阪国税局へ当社にて確認）

たしかに「大阪国税局へ当社にて確認」と記されている

わかりづらいが、要は『プラチナ』は定期保険に該当すると考えられ、国税庁が定めた税務取り扱いに従えば、全額あるいは2分の1が損金として認められるということだ。

異例だったのは、「大阪国税局へ当社にて確認」とわざわざ明記したことだ。

税務の取り扱いは非常にセンシティブなので、たいていの商品では税制変更のリスクなどを記すのが普通だ。たとえば、別の商品では次のようにある。

（資料時点での）法令などにもとづいたものであり、将来的に変更されることもあります。変更された場合には、変更後の取り扱いが適用されますので注意してください。

このように税務リスクを明記するのが一般的だが、日本生命は今回、逆に国税当局から「確認」をとったと明言したのだ。

大手生保で商品開発を担当する幹部は「商品を説明する資料に、国税庁があたかも『お墨付き』を与えたかのような文言を入れるのは聞いたことがない」と驚いた。国税庁も「一般論として、特定の商品自体の税の取り扱いに確約を与えることはない」とする。

日本生命は「革新的な商品のため、本当に全額経費扱いになるか代理店から問い合わせが多かったため」（広報担当者）と説明した。また、その後の資料からは文言を削除したとも付け加えた。

複数の関係者によると、日本生命のこの行動に国税庁は激怒したそうである。ただでさえ、規制の本来の趣旨を逸脱し、抜け道を行くような「グレー」な商品。それに対して「大阪国税局へ確認」と、よりによって自らが「箔付け」に利用されてしまったのだ。

次章で明かすようにその後、国税庁が経費扱いを全面的に見直すと決めた際、この「因縁」を引きずることになる。

いずれにせよ、日本生命の戦略は功を奏した。代理店は「この保険は、全額経費扱いになりますよ」と安心してセールストークに励《はげ》めるようになったからだ。

私も「節税保険」の取材を始めた頃、税務の取り扱いについて疑問を持った。代理店関係者に尋ねると、「日本生命が大阪国税局に大丈夫と言われたから心配はない」といった回答を得た。複数の関係者がほぼ同じ内容を語るので、不思議に思って取材を進めると、例のチラシに行きついたというわけだ。

第一生命の暴走

業界首位のガリバー・日本生命が開けた「パンドラの箱」。生保業界は、個人向けの貯蓄性保険などが低金利下で伸び悩んでいたので、各社こぞって「節税保険」に飛びついた。

保険商品は、先ほども述べたようにそれ自体は特許がとれない。特許法の保護対象ではないからだ。このため業界は、どこかが革新的な商品を投入すると、横並びで類似商品を販売する傾向にある。

ただ、まったく同じ商品はつくらない。経営規模や運用状況が異なるうえ、そもそも先行者に勝ちにくい。そのため、少しでも自らの特徴を出そうと、しのぎを削る。

そんななか、「奇妙な保険」としか言いようのない商品が市場に投入された。業界2位の第一生命ホールディングス（ＨＤ）の子会社「ネオファースト生命」が２０１８年３月に発売した『ネオｄｅきぎょう』（以下『ネオｄｅ』）だ。

単純化した例で示そう。

あなたが定期の死亡保険に入ったとする。「商品A」は保険料が年10万円で、「商品B」は保険料が年20万円とする。死亡保険金は同じ1億円。その他の条件はほとんど同じ。つまり、保険料だけが違う。普通に考えると、同じ保障内容であれば、保険料は安い方がいいに決まっている。「商品A」を選ぶだろう。

だが、『ネオｄｅ』は「商品B」のように、保障内容は同じでも保険料をあえて2倍にしたような商品だ。ところが、それによって『プラチナ』を超える大ヒットとなった。

補償内容は『プラチナ』と同様、前期はおもにけがによる死亡、後期は病気などを含めた死亡に分かれる。真の特徴は、支払った保険料に対して中途解約で戻ってくる返戻金の割合である「返戻率」を高めたことだ。

返戻率は「節税保険」にとって重要なワードだ。先ほど書いたように、この種の保険は保険料が全額経費扱いになり、中途解約すればお金が戻ってくる。これが「節税」として営業現場でアピールされる。ただ、お金が戻ってくる割合は保険商品でさまざまだ。当然、この返戻率が高い方が、経営者らには訴えかけられる。「こんなにお金が戻ってきますよ」といった具合だ。

『ネオｄｅ』は『プラチナ』よりも、この返戻率を意図的に高くした。その手法が、「付加保険料」の操作だ。

付加保険料とは、保険会社の営業費や人件費、代理店に支払う手数料などを含めた、いわゆるコストだ。保険会社は、予定死亡率と予定利率にもとづいた「純保険料」に加えて、この付加保険料を合算して、実際の保険料を決める。

ここで重要なのは、この付加保険料が金融庁の認可事項ではないことだ。保険商品そのものは金融庁の審査を必要とする認可事項だが、付加保険料は違う。以前は認可対象だったが、

「なるべく企業努力を尊重したい」といった自由化の流れのなかで、2006年に規制緩和されたのである。

先ほど述べたように、付加保険料は各社の営業費などで変動する。これに関する企業努力を認めることで、より多様で、消費者にもメリットのある商品が生まれることを期待しての緩和だった。

第一生命はこの規制緩和の趣旨をいわば、逆手にとった。

後期に多額の付加保険料が発生する設計にすれば、保険料は保険期間を通じて平準化されるため、契約初期は前払い分が多額に発生する。保険料は高額になるが、返戻率も高くなる。まさに解約を前提とした商品設計としかいいようがない手法だ。第一生命も含め、複数社が後期の付加保険料を極端に大きく見積もり、返戻率を釣り上げた商品を開発した。

「節税保険」を販売する生保複数社の幹部たちは、この保険が「短期解約」を前提とした商品であることを当時否定した。

ただ私は、返戻率のピーク時に7割程度が中途解約する想定をしていた、ある社の内部資料を入手していた。社内からも「後期になるまでにほとんどが解約するのに、後期の付加保険料を高く設定することには理由付けができるのか」との指摘が共有されるありさまだった。

前述したように、付加保険料が自由化されたのは本来、生保各社に保険料を低くするような営業努力を認めるためだった。金融庁の認可外であるのをいいことに、第一生命は、「節税」をあおるための商品設計に利用したわけだ。これが、後に触れるように、金融庁を怒らせることになる。

販売現場の闇

「もうかってはるでしょ。節税した方が、ええですよ」

大阪府で不動産会社を経営する50代男性は、大手生保の営業職員にこんな文句で勧誘を受けた。保険料は年間で６００万円に上る。前期にけがによる死亡、後期に病気を含めた死亡で5億円近くが受け取れる内容だった。10年後に保険料総額は６０００万円を超え、返戻率は81・４％（約４９００万円）。参考返戻率は１２０％を上回った。

景気回復の実感が得られないという声は多い。だが、日本銀行の金融緩和や東京オリンピック・パラリンピックによる「特需」などで、一部には恩恵が届いているのは間違いない。予想以上に利益が出た中小・零細企業も存在する。

こうした企業に対して、税理士、保険代理店、銀行員、生保の営業職員などが勧誘してくる。ある代理店関係者によると、狙い目は景気が良さそうな建設業や不動産業など。こうした業種の経営者に、決算期を前に「利益の対策をしましょう」と持ちかける。保険料は1年分をまとめて払える。「課税からの逃げ場」としてありがたがられるというわけだ。

先ほどの男性経営者もこうした説明を受けたとき、「こんな良い話があるのか」と感じたそうだ。

しかし、この「節税話法」には、よく練られたカラクリがある。金融庁のある幹部は「錯覚を利用した非常に巧妙な商品だ」と憤る。

最大の問題は「出口」にある。

中途解約で得られた解約返戻金は当然、会社の「益金」（利益）として計上される。つまり、ここで法人税の課税対象となってしまうのだ。本章の冒頭に出てきた『プラチナ』を例にして説明しよう。

年間支払い保険料は約135万円。返戻率がピークになる10年目まで払い続けると約1350万円。そこで中途解約した場合、返戻率は約82％だったので、単純計算で返戻金は約1107万円となる。

図表5-2　想定した税効果が得られない例

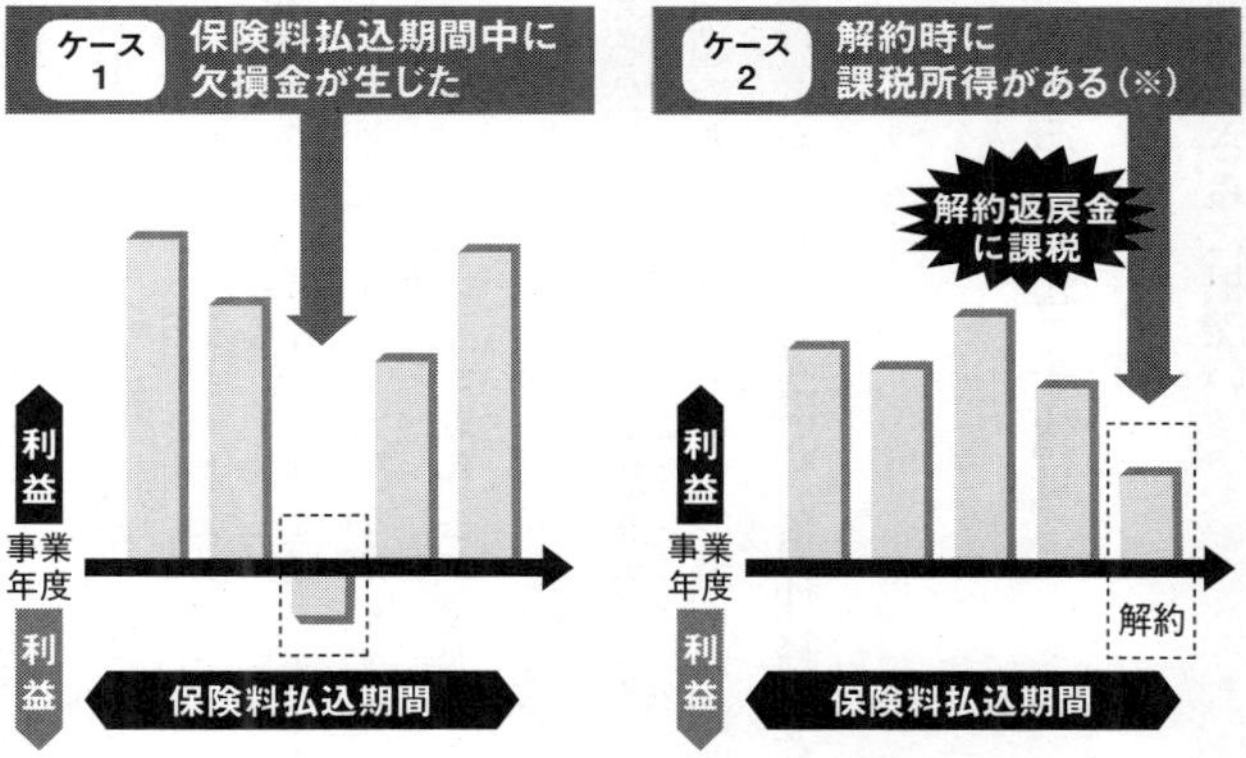

※解約返戻金の受け取りにより生じる益金を上回
る損失（役員退職慰労金等の費用）がない場合

出所：生命保険協会の内部資料をもとに著者作成

ところが、返戻金として得られた1107万円は「出口」で結局課税され、732万円に目減りしてしまう（法人税を33・8％と仮定）。保険に入らず普通に法人税を払った際に手元に残る894万円よりも、かなり低い額だ。

この辺りを深く考えないと結局のところ、課税のタイミングを先延ばししているにすぎない。それどころか、保険会社に解約控除でお金が差し引かれるため、繰り延べ以下の「単なる損」になってしまう。

そこで次に語られるのが、各種の「出口戦略」だ。

先ほどの男性経営者が渡された募集資料にも、「事業保障資金・退職金・見舞金等の各種財源準備をする」との文言があった。中途解約したタイミングで返戻金をこうした「各種財源」に充てれば、保険金と「相殺」されて、「節税メリット」があるという説明だ。

だが、ここにも重要な問題がある。本当に課税額を減らそうとする場合、受け取った返戻金を上回るような損失が発生していないと意味がないからだ。先ほどの例でいえば、中途解約で得られた1107万円が戻ってきたとき、たとえば500万円の退職金が発生した場合、残りの額には法人税が課税されてしまう。

結局、返戻金を上回る損失を出さないと、当初想定した「節税」にはなりえないのだ。

ある公認会計士はため息をもらす。「入るときはいくらでも入れる。ただ、出口を考えずに問題のあるケースも多い。適切な説明を受けずに加入し、我々が教えてあげると頭を抱える経営者もいる」。先ほどの男性経営者も営業職員から、こうした説明を受けなかったという。

「節税話法」が起こす錯覚

問題はさらに根深い。

「節税話法」で語られる「出口戦略」について、そもそもの異論もあるからだ。この保険について古くから疑問視してきた税理士の吉澤大氏は語る。

「この保険を売り込む人は知ってか知らでか、比較対象を間違えている。そのせいで多くの人が、本来は必要のない保険に入らされている」

どういうことだろう。たとえば「出口」として最も語られる「役員退職金」。ただ、これにはそもそも一定限度のもとで税負担の軽減措置がなされている。生命保険に加入しようがしまいが、「節税話法」が主張するような「節税効果」は得ることができるのだ。

「返戻金は課税対象だが、役員退職金と相殺すれば、税金の支払いを免れることができる」

こうした「節税保険」のセールストークは問題をすり替えている。「節税」になっているのは、役員退職金が制度上優遇されているためであって、保険による効果ではない。わざわざ保険が絡む必要はないのだ。

「節税したい」という経営者の欲求につけ込み、保険を売りつける。それから、本来必要のない「出口」を探す。「節税保険ブーム」はこうした「本末転倒」な状況になっているのではないかと、吉澤氏は問題視する。

それでも次のような反論もありうる。『節税』のために保険に加入することに強い意味がなくても、万が一経営が苦しくなったときに解約すれば現金を得られるという点で、将来に備えられるなら、いいではないか」というものだ。

しかし、この意見にも疑問がある。

「プラチナ系」の特徴は、保険期間を通じた返戻率の変化が「険しい山型」になっていることだ。たしかに返戻率が90%を超える年もあるが、一方で翌年以降は下降線をたどる。たとえば手元の『ネオｄｅ』の資料では、5年目に95%を超えたが、7年目は84%、9年目には65%と急落する。

「節税効果」を得ようとすると、契約者はこの1年を狙って、役員退職金など、返戻金を打ち消す損失を発生させないといけない。

返戻率がピークになるタイミングは、5〜10年目が多い。中小・零細企業の経営は予期せぬ出来事の連続だ。取引先の状況や世の中の景気に大きく左右されるだろう。経営者は保険の契約当初から、これらも織り込んだ厳密な事業計画をつくれるだろうか。

逆に、保険期間中に想定外の赤字などが発生した場合、高額な保険料が負担となり、経営を圧迫するリスクになりうる。かなり不透明な「節税効果」に気をとられて高額な保険に加入し、本業が傾いたら最悪だ。

保険会社に多額の手数料がとられるだけで、返戻金はほとんど残らないといった始末になりかねない。「あと数年払わないと損しますよ」と言いくるめられ、保険料支払いで資金繰りに苦しむという、まさに「本末転倒」なケースもある。多額の保険料が払えず、返戻金を担保に保険会社からお金を借りる例も以前はあったという。

ある外資系生保の営業担当者は明かした。

「解約返戻金がピークの年に近くなった企業の社長に仕組みを説明し、『このままでは課税されてしまいますよ』と言えば、その場をしのぐために新たな節税保険に加入してくれる。我々の多くはそれを狙っている」。もはや、他が弱らせた獲物を狙うハイエナだ。

「節税保険」に入ることは、「入り口」の全額経費扱いという「錯覚」に目がくらみ、せっかく稼いだお金を今まで挙げてきたリスクにさらすことに他ならない。

「損をするのがほとんど明白な、ナンセンスな商品だ。手元に入ったお金を『冷凍保存』してリスクにさらし、それを『企業防衛』なんてインチキな言い方で売っている」と吉澤氏は憤る。

ある税理士の告白

すでに述べてきたように、「節税保険」は疑問だらけの商品だ。ではなぜ、これほどまで販売が過熱したのか。

「節税保険」を中小企業の経営者に「売りまくった」と明かす、ある税理士は語る。

「中小企業の社長さんは、どこかに自分の知らない、うまい『節税策』があるはずだと信じ込んでいます。だから、『それを教えてくれ』と、魚でいえばエサを求めて『パクパク』している状態なのですよ。簡単にひっかけることができます。

自社のコストカットには1円単位で熱心な中小企業の社長さんも、想定外に利益が出たときには意外にも『弱い』。そこに税理士という税の専門職が現れるわけです。『税理士先生が言うなら間違いない、さすがだ』となります。もちろんこれは税理士だけでなく、保険会社や銀行という、同じく『信用が高い』存在に置き換えることもできます。

日々、本業の経営に忙殺される中小・零細企業の社長さんにとって、自分で独自に保険商品を調べることは実際問題、難しい。即断即決な経営者がその日に『よし、わかった』と判断してしまうのも無理はないでしょう」

それでも、税理士や代理店や銀行担当者などはなぜ、こんな不可解な保険を売りつけるのか。

この税理士は明かす。「売る側がどこまで問題のある商品か理解しているかわからないが、手数料しか考えていないですよ。それこそ、むちゃくちゃな額だ」

経営者向けの保険は１年の保険料を一括で支払うケースが大半。保険料も高額で、それにともない手数料も高い。初年度の保険料の４～５割を手数料としている社はざらだ。ある大手生保がまとめた手数料の資料によると、初年度の手数料が１年分の保険料の90％という社もあった。地域や期間によっては、そこにボーナスが上乗せされる。

このため代理店は１件で数十万～数百万円を簡単に稼ぐ。「節税保険」だけで年収３千万円を超える税理士もいるという。

しかも、こうした売り込みは「逃げ切れる」可能性が高い。中途解約は加入から5～10年。代理店や銀行に勤める担当者は、その頃には異動か転職しているケースも少なくない。

先ほどの男性経営者も「解約したときに、どっちの方がお得だったかをいちいち昔にさかのぼって調べる中小企業の社長はいないだろう」と言う。

経営陣の二枚舌

２０１７年４月に日本生命が『プラチナフェニックス』を発売して以降、第一生命のように付加保険料を操作したタイプも含めて、各社が追随した。「節税保険」はにわかにバブルの様相を呈し、業界の推計によると、市場は１兆円近い規模に成長した。

「節税保険」は代表的なものだけでも、東京海上日動あんしん生命（２０１７年10月）、明治安田生命（18年２月）、ネオファースト生命（18年３月）、朝日生命（18年３月）、三井住友海上あいおい生命（18年７月）、マニュライフ生命（18年８月）、エヌエヌ生命（18年11月）、ソニー生命（19年１月）と相次ぎ投入。経営者保険の販売は最終的に約20社に上った。たとえば、２０１８年３月から販売開始した第一生命は４〜12月期の新契約年換算保険料だけで８８８億円となり、業績に大きく貢献した。

現場で「節税話法」が横行している時期、生保各社の経営陣はこれを明確に否定している。

主要生保は１年に２回、本決算と中間決算の発表の際、日本銀行にある記者クラブで会見を開くのが習わしだ。私は、２０１８年９月中間決算の発表会見を開いたおもな生保各社の担当幹部に「節税保険」について聞いた。その発言を引用したい。

日本生命

「節税、短期解約を推奨する商品ではない。『保障ニーズ』に応える商品で、しっかりとしたコンサルが大前提だ。引き続き、適正・適切な保険販売を続けていきたい」

朝日生命

「経営者マーケットは、（自社の）中核に位置づけている。保障や事業承継に備えて商品を開発しているというのが基本的な考えだ。資産がたまるというのが一部注目されている。引き続き、本来の保障ニーズに資するような商品を提供していきたい」

明治安田生命

「法人向け定期保険は従来からあるわけで、一義的な加入ニーズとしては、経営者に『万が一』のことがあった時のリスクへの備えだと思う。それに、もちろん、税制メリットというところもあるが、本来の法人向けの目的は、保険本来の経営者不在時のリスクということなので、そこも併せてご説明する。節税の部分についてもご説明するでしょうけど、保険本来の目的を丁寧にご説明するということになる」

それぞれニュアンスは若干異なるが、経営者の死亡リスクに備えた「保障商品」だと強調している。もし仮に保険本来の趣旨と違った加入の仕方があるとすれば、それは「販売現場の暴走」とでも言いたい態度だ。

だが、この時点ですでに私は「節税保険」について、業界にとっての懸念事項をまとめたある生保の内部資料を入手していた。そこには「節税保険」をめぐって、「想定されるリスク」が記されている。

① 金融庁から付加保険料の設定に是正を求められるリスク＝商品の競争力低下
② 「節税話法」など募集資料・売り方の是正が求められる＝販売力の低下
③ 国税庁が税務上の取り扱いを全損としなくなる＝経営者保険マーケットの魅力喪失

この3点は後に結局、すべて実現してしまうのだが、このときはまだはっきりしていなかった。

①は、付加保険料を後期につり上げることで返戻率を高めることが「商品の競争力」であることを認めた内容だ。何度も言うが、「保障ニーズ」とは経営者が死亡した際などへの保障であり、そこに解約返戻金は関係ない。

②は、販売現場で「節税話法」が実態として行われていることを認める内容だ。しかも、これが「販売力」となっていることも自覚している。

③は、「節税保険」の本丸ともいうべき項目である。国税庁が動き出すことは、生保業界にとって最も避けたい事態だ。国税庁とはこれまでも「いたちごっこ」だった経緯もある。見直し次第で、そもそも市場自体が喪失してしまうおそれがあった。

この資料にはさらに、「過去においても節税を訴求する商品が生じる度に、税務上の取り扱いが厳格化されてきた」との文言もあった。彼らは決算会見の時点ですでにリスクをはっきり認識していたことにある。

こうした生保各社の「二枚舌」はその後、金融庁や国税庁を激怒させるという最悪の形で、露呈することになる。

動き出す金融庁

保険業界を監督する金融庁が本格的に動き出したのは２０１８年春頃だ。５月、ある大手生保が金融庁に呼ばれた。そこで金融庁保険商品室の担当者は言った。

「経営者保険について、付加保険料を契約の後半に高く設定することで、返戻率を意図的に高めている可能性がある」

保険商品室は保険商品そのものの認可を担う。自分たちの判断次第で、その商品が世の中に出回るか否かが決まるので、重要なポストだ。ガチガチな金融行政が業界のイノベーションを阻害しているとの批判も根強い。断定的なもの言いを避け、慎重に見極めようとしたふしがある。

そもそものきっかけは、某生保の商品を審査しているさなかのことだ。

金融庁の担当者が不審に思い、調べると、支払う保険料が保険金に対して明らかに高額である設計になっていた。

先ほど書いたように、付加保険料は金融庁の「認可対象外」だ。ただし、販売後も「モニタリング」の対象にはなっている。

「認可対象外とした付加保険料を、合理的に説明できない形でいじくっているのではないか」。金融庁内部では、こうした疑念が生まれた。

金融庁は6月中旬、「事業費モニタリングにおけるアンケート依頼について」というアンケートを生保各社に送付した。法人向け定期保険についての販売実態や、付加保険料をどのように設定しているか尋ねるものだ。

ついに金融庁が動いたことで、業界はざわついた。ただこの時点では、行政側にもこうした保険市場そのものを否定しようという考えがあったわけではないだろう。あくまで「不自然」な付加保険料の設定の仕方について調査を進めているだけだった。

それは9月下旬にあった、ある生保幹部と金融庁の意見交換の場でも変わらなかった。生保側が当局のスタンスを聞いたところ、金融庁幹部は「我々としては、付加保険料のところに問題意識を持っているだけであり、マーケットを壊そうとしていない」と語っている。

金融庁もこの頃、微妙な立場にあった。こうした保険を認める一方で、「ただし、節税ではなく、保障性・貯蓄性といった保険本来の機能で勝負してほしい」とも付け加えている。

付加保険料を非合理に操作していた生保企業に対して、金融庁はヒアリングを重ねた。

「想像以上に対象の保険会社が増えている」。幹部はため息を漏らした。ようやくヒアリングを終え、見直しの議論となったが、生保の対応にいらだちを募らせていった。

複数の社が、不合理な商品設計をしていたことこそ認めたものの、その是正への対応はいかにも消極的だった。

「システム対応が……」「現場との調整が……」。何かにつけて、商品の見直し時期を遅らせようとした。見直しは翌年4月なら早い方。5月、7月という社もあった。

7月に保険課長に就任したばかりの横尾光輔氏は、割と早い段階から、生保各社の営業手法に対しても懐疑的な見方をしていた。この時期には、「事業保障」をうたい、現場では「節税」をあおる「二枚舌」を問題視していたと見られる。

強く危惧したのは、翌年2~3月のことだ。中小企業が決算期を目前に控え、代理店や営業職員の売り込みが活発化する時期である。「ここで何も是正されないままに見過ごしたら、大きな問題が起きる」。金融庁が主導する形で、「注意喚起文」を業界につくらせ、これを勧誘の場で使うよう求めた。

その内容は、それまでの生保各社の主張と打ってかわって、生々しいものとなった。顧客に配る「注意喚起文」のひな型には、こんな注意書きが明記された。

「『支払保険料の損金算入による法人税額の圧縮』および『短期の中途解約』のみを目的とするご加入等、保険本来の趣旨を逸脱するようなご加入はおすすめしておりません」

代理店向け文書のひな型にはさらにあけすけな表現が躍る。

「募集時に、保険本来の機能である『死亡保障』などについて説明がなされず、節税メリットやピーク時返戻率の説明ばかりが過度に強調されているのではないかとの指摘が監督当局からあった」

「顧客に適切な情報提供を行わなければ、解約返戻金の受取時に想定以上の課税額が生じるなど、顧客に対し、重大な影響を与える懸念がある」

内容だけでいえば、生保業界の「二枚舌戦略」の、事実上の敗北宣言だった。しかしこれは、代理店向けの注意喚起文と、勧誘の際に顧客へ渡すチラシにすぎない。保険募集ではただでさえ膨大な資料が必要とされる。どこかに挟み込みさえすれば、いくらでも、やりすごすことができる。こうした懸念もあった。

国税庁の緊急招集

金融庁は保険会社を所管する官庁として、保険会社の監督や商品の認可などを担う。一方で国税庁は税務の取り扱いなどを決める。もともと「旧・大蔵省グループ」という意味では親族みたいなもの。それぞれ役割が違うと言われればそれまでだが、今回の件では、金融庁はある意味「はしご」を外されてしまったようなものだ。

現場に示す注意喚起文や付加保険料を不合理に操作した生保に対して見直しを求めている矢先に、国税庁が大なたをふるったのだから。

2019年2月上旬。「国税庁が動く」との報が私の耳に舞い込んできた。それまでも業界内でうわさ程度にはささやかれていたが、今回の話は具体性を帯びていた。

2月12日の夕方、ついに決定的な動きをつかんだ。

生保業界には、生保協会の下に置かれた、国税庁と保険の税務などを意見交換する「拡大税制研究会」という場がある。この日突如、国税庁からこの会合を持つとの連絡が入ったのだ。開催は翌日の夕方。この日の昼までに参加者の名前を送れ、という慌ただしさだった。

翌日、都内の生命保険協会の一室。

「これまでのルールを当てはめると形式的には全額が経費扱いとなるが、実態と大きく乖離《かいり》する商品が開発されており、それが『節税効果』を前面に出して販売されている」

国税庁幹部は、集まった生保担当者らにこう投げかけた。

「経営者の死亡は事業のリスク」という、中小・零細企業のことを考えたルールを逆手にとった「節税」をあおるような生保各社の商品開発に、正面から「NO」を唱える形となった。

さらに生保担当者らを驚かせたのは、見直しの対象範囲が想定以上に広がった点だ。

保険業界は金融庁の動向に注意を払う一方で、国税庁にも神経を尖らせていた。長期平準定期保険、逓増定期保険、がん保険……。「節税保険」はブームになるたびに、国税当局が商品グループを規制してきた。生保業界との「いたちごっこ」の歴史であることは先ほど触れた通りだ。今回も大きなブームとなったので、国税庁による税務ルールの見直しもある程度見込まれていた。

ただ、予想以上に国税庁は今回「本気」だったのだ。

それは次の言葉に表れている。

「個別の商品グループを対象としてルールを定める枠組み自体が、そこから外れた商品の開発を誘発する」

「単一的かつ普遍的なルールをつくる」

ある国税関係者は語る。「今回販売が過熱したいわゆる『プラチナ系』を規制しても、どうせまた規制をかいくぐって新たな商品を開発するのが生保だ。我々のルールがそれを誘発するのなら、いっそ抜本的な見直しが必要だ」

新ルールはこれまでのように特定の商品群を標的にするのではなく、返戻率で一律に規制する。具体的には、「保険期間3年以上の定期保険などで、ピーク時の年の解約返戻率が50%超となる商品」が見直し対象となった。

先ほども述べたように、返戻率とは、支払った保険料に対して中途解約で戻ってくる金額の割合だ。「プラチナ系」ではピーク時の返戻率が80%台はざら。90%を超える商品も生み出されてきた。

それに対して「50%超」とはかなり厳しい数字だ。これだと、「プラチナ系」以前から販売されている幅広い種類の経営者保険が対象となる。出席した生保の担当者らには動揺が走った。

国税庁の担当者はこうした驚きをよそに話を続け、見直しのポイントとして3点を挙げた。

①　課税上の不公平を是正することとして、満期返戻金のない保険商品全般を対象とした「単一的かつ普遍的なルール」とする

②　透明性や簡便性に配慮し、契約者が把握可能な指標にもとづくシンプルなルールとする

③　課税上の弊害がないと考えられる商品は、全額損金算入という現行の取り扱いを維持する

加えて業界を震撼させたのは、新ルールの適用時期だ。今後の流れとして、生保業界などから意見を聞いたうえでパブリックコメントに付され、通達という形で出されることが、この場ではっきりした。ただ、その新ルールがいつから適用されるかについて国税担当者はこう言い切った。

「新ルールの適用が通達の公表日以後の契約分からか、支払い保険料からかは、過去の例を踏まえればいずれもあり得るので、現段階は未定だ」

つまり、これまで全額が経費扱いだった保険に対しても、新ルールの公表以降は新たな基準で課税する可能性を示唆《しさ》したのだ。仮に過去の契約にも適用された場合、「節税効果」を前提に契約した経営者らは予期せぬ負担を強いられる可能性がある。

何より、「節税話法」で商品を売り込んだ保険代理店や生保の営業職員、そしてそれを現場に許した保険会社は、顧客から責任を問われかねない。

とくに私が気になったのは、日本生命だ。先ほど触れたように同社は、『プラチナフェニックス』発売前の代理店向けのチラシで、税務取り扱いについて「大阪国税庁に確認」といった文言を明記したからだ。

「過去までさかのぼり、節税保険を『血まつり』にあげるのでは」。代理店関係者はこう懸念した。ただ、大手生保幹部の見方は違った。

「適用時期をあえて明言しないことで、駆け込み販売を牽制《けんせい》する狙いがあるのでは」との見解である。ちょうど2~3月は、企業の決算期末前。予想以上の黒字が発生した中小企業などを中心に、「節税話法」での売り込みが激しくなる時期だった。

新ルール公表以前の契約にも適用されると臭わすことで、「いまならお得ですよ」「まだ間に合いますよ」といった駆け込み営業にクギを刺したとの見立てだった。

いずれにせよ、国税庁は生保業界の想定以上に厳しい方針を示した。

ツイッター上では「永遠におっかけっこをしているトムとジェリーだと思ってたら、いきなりネズミをバリバリ囓《かじ》り出してびっくり」というつぶやきもあった。

バレンタイン・ショック

大手生保の動きは予想以上に速かった。その日のうちに、対象となった保険商品の売り止めを公表。2月14日から順次、販売自粛が広がった。一部の業界関係者からは「バレンタイン・ショック」とも呼ばれた。

それにしても、大手生保の対応の早さには驚いた。ある外資系生保からは「彼らは早い段階から今回の件を知っていたのではないか」といぶかる声も聞かれた。

その後、他の社にも自粛の動きが広がり、見直し対象となった商品を販売していた約20社すべてが最終的に売り止めとした。中小企業の経営者向け保険を主力とした外資系生保のある関係者は、「うちはラインナップの大半が売れなくなってしまった」と肩を落としていた。

バレンタイン・ショック以降、「節税保険」をメインに扱ってきた代理店はパニックに陥った。先ほどの関係者は、「今後どうなるかわからず、代理店や契約者にはっきり説明できない。売る商品もなくなって現場は大混乱だ」と話した。

時は経ち、雨が降り続いた4月10日。都心のビルにある一室に、スーツ姿の男性数人が続々と入ってきた。会場の緊張感は一気に高まった。男性らは国税庁の職員だった。ようやくやってきた、国税庁が新ルール案の詳細を示す日だ。

先ほども登場した「拡大税制研究会」に招集がかかったのは、その前日。会場に集まったのは生保各社の税務担当者だ。複数の関係者によると、集まった担当者らを前に、国税庁職員は新しい課税ルール案を淡々と説明していったという。

新ルールでは、中途解約で戻る「返戻率」の最も高い値に応じて、課税の水準を分けた。返戻率が50％以下と低めであれば、保険料は従来通り全額が損金扱いになる。一方、返戻率が50％超〜70％以下であれば保険料の6割が損金、70％超〜85％以下であれば4割が損金扱いだ。それ以上の返戻率であれば、「保険料×ピーク時返戻率×9割」が資産（課税対象）計上となり、損金扱いになる比率はさらに低下することになる。

新ルールに対し、業界からは「まあ妥当な内容だ」（大手生保社員）、「思った以上の衝撃」（保険代理店社員）と、さまざまな声が聞かれた。

業界の最大の関心事は、新ルールがいつから適用されるかだったが、今後の契約に対して適用され、過去の分にはさかのぼって適用されないことになった。「最悪の事態が回避された」との見方は強い。

これまでの生保業界の販売手法を考えれば、国税庁の対応は甘めにも見えるが、中小企業らへの影響や混乱を回避したのだろう。

いったい、国税庁の真意はどこにあるのだろうか。取材を進めると、同庁が最も問題視したのが「参考（実質）返戻率」を使った営業手法であることがわかった。

改めて説明すると、おもな「節税保険」の返戻率は70～90％だ。たとえば毎年１００万円の保険料で10年後の返戻率が85％の商品があるとする。加入者の中小企業経営者が保険料を10年間支払うと、計１千万円が経費扱いとなる。そして、中途解約したら８５０万円が手元に戻る計算になる。

一方、経営者の会社が毎年１００万円の利益を上げているとする。仮に保険に入らず法人税（33・８％と仮定）を払い続けると、10年間で手元に残るのは税引きで６６２万円となる。

図表5-3　「節税話法」のしくみ
（実際の税率や返戻率などからイメージ）

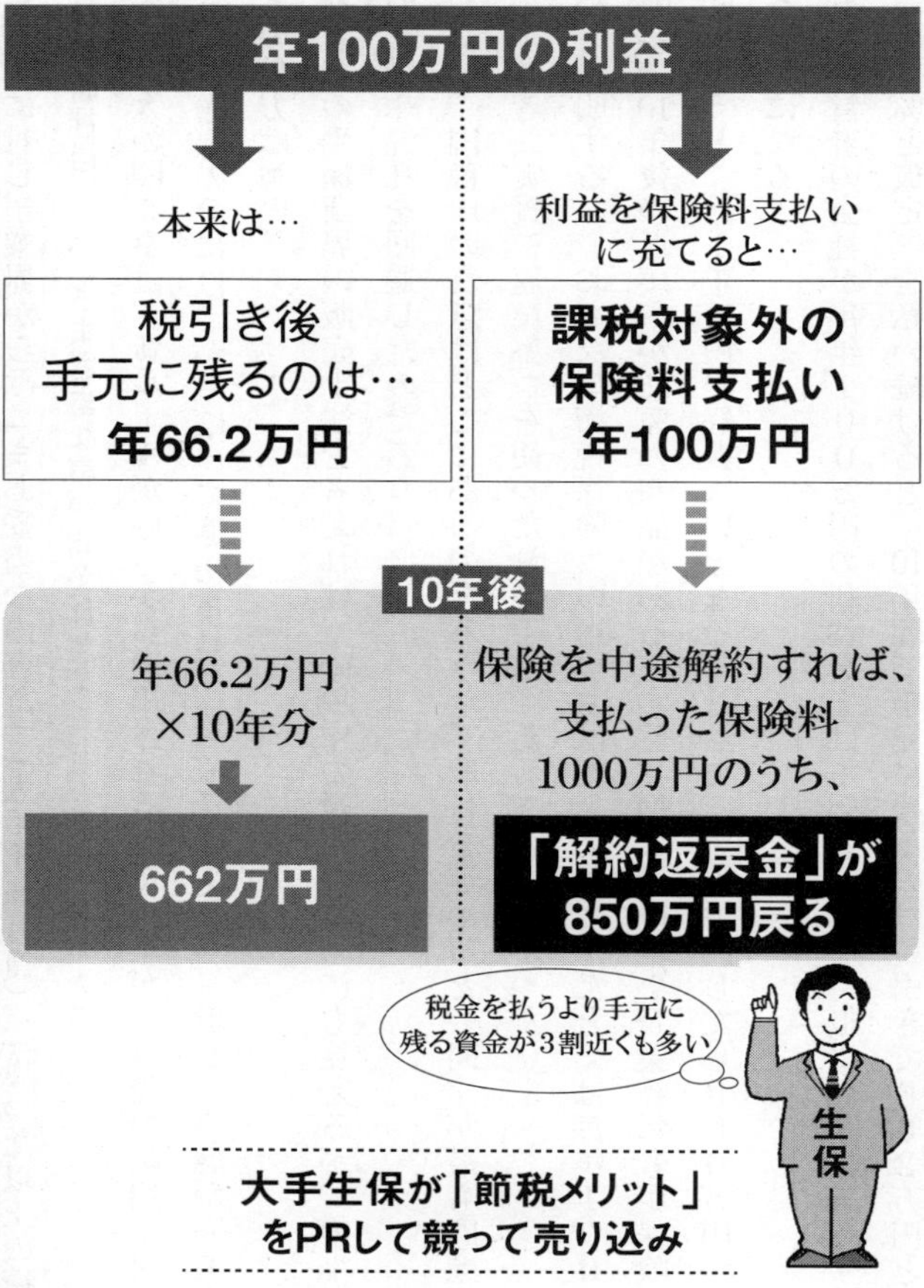

出所：筆者作成

生保の営業現場では、両者を比べた割合を「実質返戻率」と称していた。この例の場合は、実質返戻率は１３０％近くだ。保険に入った方が手元に残るお金は３割近く多くなりお得です――。これが実質返戻率を使った「節税話法」の正体だ。

だがこれまで述べてきたように、この説明は正確とはいえない。前記の例では、中途解約の返戻金で８５０万円が戻ったときには、それは益金として結局課税される。８５０万円を上回るような支出が同時にあればその部分には課税されないかもしれないが、タイミングを合わせるのは簡単ではない。それにそうした支出は、保険契約に関係なくそもそも課税されないことが大半だ。

国税庁は「節税話法」が経営者らを錯覚させるうえ、課税のあり方もゆがめるとして問題視した。

そのため、新ルールでは実質返戻率が１００％を超えないような設定を重視し、返戻率に応じて保険料が損金となる割合を変えた。

代理店関係者は「新ルールを考えた人は『天才』だ。どう頑張っても『節税』をアピールした商品設計ができない仕組みだ」と舌を巻く。

ある生保幹部は「経営者保険のマーケットはしばらく、保障性や付加サービスを重視した商品が主流となるのではないか」と語る。

いたちごっこ

それでもなお、新ルールの「抜け道」についてさまざまな臆測も出ている。だが複数の関係者によると、国税庁は4月10日に新ルールを説明した場で、生保各社に対して国税庁内の一つの部署名を挙げながら、次のような趣旨でクギを刺した。

「生命保険会社からの税務取り扱いに関する質問は今後ここに一元化する」

この言葉は何を意味するのか。関係者は語る。「節税保険に関する日本生命との因縁を明らかに意識してのものだ」

これまで述べてきたように、「節税保険」のような商品はかつてもブームになったことがあり、国税庁はその都度通達を出して抜け道をふさいできた。しかし今回、それをかいくぐって新たなブームが起きた。

規制をかいくぐること自体は常に起きうることではあったが、今回特徴的だったのは、それを生保業界最大手の日本生命が率先して行ったことだった。

しかも、日本生命のやり方は強引だった。『プラチナフェニックス』の発売直前に、大阪国税局に税務上の取り扱いについて確認した、とする説明資料を代理店に示していたのはすでに書いた通りだ。国税当局が将来にわたる税務の扱いを確約したかのように、資料に明記するのは異例だった。

まるで当局の「お墨付き」があるかのようにして商品を売られたことについて、国税庁が苦々しく感じていたのは想像に難くない。今回の「質問一本化」は、そうしたことへの対策の可能性がある。

それでも「いたちごっこ」はなくならないのではないか。

そう思い、取材を続けると国税幹部の衝撃的な一言を聞いた。

「そうなれば、もはやその商品を購入した企業に目を向けることになるだろう。『この会社は節税という言葉が大好きな企業なんだな』とね」

長官の「警告」

「今回の事象については非常に真摯に受け止めている。一部に節税を強調しすぎた部分もあった。過度な節税の強調は収束させなければいけない」

2月の生命保険協会の定例会見。当時の会長・第一生命社長の稲垣精二氏は「節税保険」について問われ、こう釈明した。

そして、経営者の「ニーズの強さ」を何度も強調した。

「経営者保険はお客様のニーズがかなり強い商品だ。無理やり売りつけている商品ではないというのをご理解いただきたい」

ただ、ここまでの内容を読んだ方には、「プラチナ系」を中心とした「節税保険」が、顧客にとっても問題含みの商品であることはわかってもらえていると思う。この保険の商品性を本当に理解すれば、果たしてどれだけの経営者にとって必要な保険なのだろうか。稲垣氏の発言は、こうした問題意識を抱いていないのではとの疑念がわく。

さらに違和感のある発言は続く。

「全損商品に関してはかなり大きな部分でなくなるので、つくり手として代理店に供給できないのは本当につらいが、引き続き強い潜在ニーズがあると思っている。新たなルールのもとでの商品供給はできる。（新ルールの公表は）できるだけ短い方が代理店、顧客にとっても良い」

これには驚いた。経営者にニーズのある商品をつくっていたのに国税にとめられた「被害者」であるかのような口ぶりだ。

規制の抜け道を見つけて金融庁、国税庁と二つの当局に問題視された「当事者意識」がまったく感じられない。それどころか、新商品を販売するために新ルールを早く発表しろという「注文」までつける始末だ。

私は販売実態や商品設計、当局の対応など「節税保険」をめぐる実態を取材してきたが、つくづく思うのは、生保業界の不誠実な姿勢だ。

中小・零細企業の経営者は日々、さまざまな事業リスクと戦っている。なるべく課税を減らしたいと思うのも当然だ。だがそうした経営者の「弱み」につけ込み、保険とも呼べないような商品を販売するのは、生命保険会社の側だ。

当初は「節税目的」での加入を否定するも、当局に問題視されるとあっさりと認める。その一方で、商品見直しには「牛歩戦術」かのような消極姿勢で対応する。「顧客の錯覚」を利用したかのような商品であるのに、国税の見直しには「顧客のニーズ」を強調する。業界団体のトップからは、こうしたことへの反省は聞かれなかった。

生保各社は7月から順次、販売自粛していた経営者保険について販売を再開していった。

この月から新ルールが適用されることになったことを受けてのことだ。ただ以前のように、「全額損金」や「返戻率」で節税効果をアピールできなくなったため、顧客への訴求力は大きく落ちた。

しかも金融庁の指導もあって、業界共通の注意喚起文を作成した。販売時にはこれを合わせて顧客に示すというものだ。

そこには驚きの文言があった。

保険料を損金算入しても課税タイミングが変わる繰り延べにすぎず、原則、節税効果はない

「どの口が言う?」。初めて資料を見たとき、私は憤った。この一文が否定しているのは、まさに販売現場でつかわれていた「節税話法」そのものではないか。

「節税効果を過度にアピールした部分があった」（稲垣氏）と認める一方で、「原則、節税効果はない」と開き直っている。これまで販売した顧客に誤認を与えたことを認めているではないか。

これには相当な違和感を持った。そこで、6月の生保協会の会見で、会長の稲垣氏に質問をぶつけてみた。

私　「これまでの販売は顧客に誤認させていたことを認めるようなものだ」

稲垣氏「節税効果という言葉の捉え方がやはりさまざまあるというふうに認識している。単年度の保険料損金算入額のことなのか、保障を確保しながら効率的に退職金の準備をするということを節税効果と言うとか、さまざまな捉え方があると思う。ただ入り口の段階で、節税目的で我々は販売していないということをわかりやすくお伝えするという意味だ」

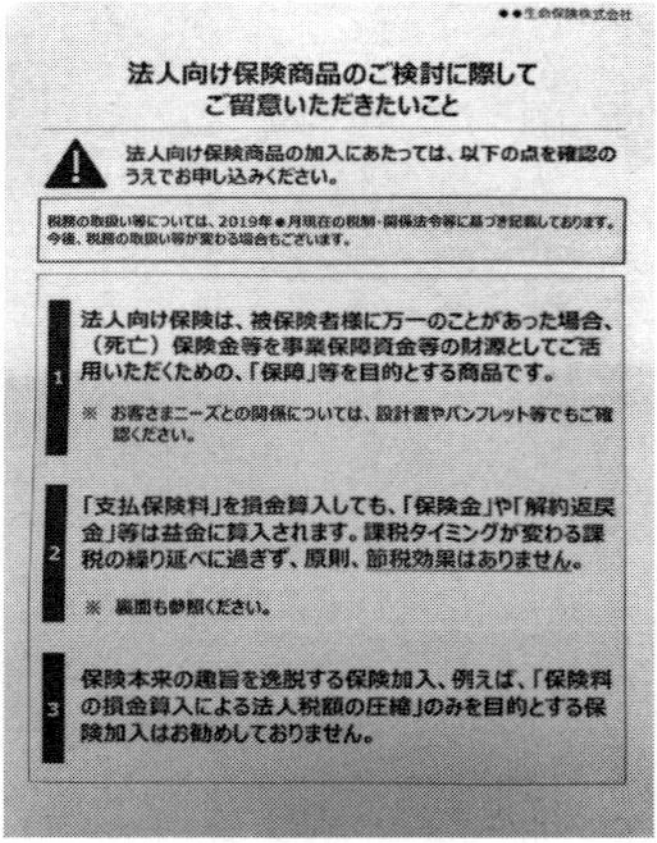

●●生命保険株式会社

法人向け保険商品のご検討に際して
ご留意いただきたいこと

法人向け保険商品の加入にあたっては、以下の点を確認のうえでお申し込みください。

税務の取扱い等については、2019年●月現在の税制・関係法令等に基づき記載しております。今後、税務の取扱い等が変わる場合もございます。

1 法人向け保険は、被保険者様に万一のことがあった場合、（死亡）保険金等を事業保障資金等の財源としてご活用いただくための、「保障」等を目的とする商品です。
※ お客さまニーズとの関係については、設計書やパンフレット等でもご確認ください。

2 「支払保険料」を損金算入しても、「保険金」や「解約返戻金」等は益金に算入されます。課税タイミングが変わる課税の繰り延べに過ぎず、原則、節税効果はありません。
※ 裏面も参照ください。

3 保険本来の趣旨を逸脱する保険加入、例えば、「保険料の損金算入による法人税額の圧縮」のみを目的とする保険加入はお勧めしておりません。

注意喚起文書のひながた

金融庁の事務方トップである遠藤俊英長官は2月下旬、いみじくも生保幹部を集めて次のように語った。

「（商品の認可）申請時の説明内容と、実態が大きく乖離しているなら、商品認可制度の意義さえ問われる。厳しい収益環境のなか、トップライン維持のために、過去を顧みず、問題がある商品を販売するという姿勢はいかがなものか。経営のあり方として美しくない」

行政当局が「美しいか否か」といった審美眼を語るべきではない。実際、「いかにも裁量行政的だ」との批判も聞かれた。

ただ長官の真意は、むしろ逆にあるのではないか。

金融庁にも反省すべき点はある。付加保険料が商品審査の認可外とはいえ、商品そのものを認可するのは金融庁だ。認可の段階で商品の趣旨を適切にチェックできていれば、そもそもこんな「狂想曲」は起きなかったのだ。「当局が認可を出しているのだから」といった「親方日の丸」の意識を与えていなかったか。

それでも、行政の裁量を最小限にとどめ、生保各社の自由を広げようと当局は努力を続けてきた。その趣旨を逆手にとった行為を続ければ、自らの首を絞めることになる。長官が業界につきつけたメッセージはこう解釈すべきだ。

稲垣氏は「新ルールのもとで再び創意工夫をする」と述べた。業界では、新たな抜け道の議論が活発化している。

こうした長官の警告を、業界が教訓として生かせるかが問われているのではないだろうか。

第6章　かんぽ生命は、闇だらけ

「老人喰い」


きっかけは実家に帰省し、新聞やチラシに混じった、ある通知を見つけたことだった。

2018年冬、とある地方で一人暮らしをする80歳近くの橋本一郎さん（仮名）の自宅を長女・直美さんが訪れた。一郎さんは認知能力が低下しており、自宅は整理されておらず、散らかり気味だった。

落ちていたのは、ゆうちょ銀行の取引明細の用紙。何げなく拾って見てみると、「かんぽ」「かんぽ」「かんぽ」「アフラック」「アフラック」……。保険会社の名前がずらっと並び、たくさんの保険料が引き落とされていた。

「お父さん、これ何？」と聞くと、「郵便局がちゃんとやってくれているから大丈夫だ」と言われた。後に診断書がおりて判明したことだが、一郎さんは2017年頃からすでに認知症になっていた。

直美さんは不安を覚えたが、そう言われた以上、追及するのを止めた。その後も何度か、聞いてみたが、はぐらかされたり、問題ないと一蹴されたりで、きちんと調べることはしなかった。

だが6月下旬、かんぽ生命の不正販売が大きく報道された。「やはりウチもそうなのでは」と思い、一郎さんに「保険証書と通帳を全部見せて」と迫った。尋ねると、自分が何口の保険に入っているかすら、まったく理解していなかった。証書があるくらいで、他の書類はほとんど見つからなかった。

それから直美さんは郵便局に複数回通い、過去の契約も含めて、いったいどれだけの保険に加入しているかを調べ上げた。

すると、すでに解約したり完納したりした保険も含めて、次のような契約状況が判明した。

- **・(かんぽ）終身、養老、学資が複数**
- **・アフラックのがん保険が複数**
- **・住友生命の条件付き緩和保険が複数**
- **・三井住友プライマリー生命の1千万円の外貨建て保険**

三井住友プライマリーの外貨建て保険1千万円を除いても、多いときで1年間の保険料は

500万円近くに上っていた。異様な契約状況に直美さんは恐れおののいた。これはすべて、郵便局員が販売したものだ。

直美さんは振り返る。「明らかに、父親を『食いもの』にしていた。父親の生活や今後をみじんも考えておらず、悪意しか感じない。当時はまさか、あの郵便局がこんなことをしているなんてまったく思わなかった」

1人で暮らす一郎さんの収入は年金のみで、月18万円。一方で、保険料の支払いは月40万円以上。年金を簡単にオーバーする。貯蓄を切り崩して保険に入っている状態だった。

明らかな悪意

かんぽの契約でとくに悪質だと思えたのは、2017年以降の契約だ。同じ局員からこの年、同時に複数の養老保険に入っている。それぞれ被保険者は子供や孫らだった。

この時点で、かんぽの料金だけで年金の受給額よりも大きい額になっている。保険料が引き落とされるゆうちょ口座はどんどん目減りしていき、このままでは支払いが滞りかねない状況になっている。

局員はそこで手を打ち、２０１９年のある時期に複数の保険を解約したり、保障内容を軽いものに変えたりしている。

なぜこういった対応が、３年目のタイミングだったのか。後述するようにかんぽのルールでは、契約から2年以内で解約されると、局員は契約獲得で受け取った営業手当を返還しなければいけないルールがある。つまり、手当目当ての疑いがあった。

後に直美さんらが担当局員を問い詰めると、こう言い放った。「一郎さんから2年後に『支払いが厳しいから』と言われていました。借金取りじゃないので、そこはとれないので」

だが、そもそも2年で支払いができなくなるような保険に加入させるのはいかがなものだろう。顧客の資産や支払い能力をきちんと確認していないと自分で告白しているようなものだ。

それ以上に、この局員の発言はその後の対応と矛盾したものになっている。

実は一郎さんは、この後に他の金融機関の預金口座から定期預金を崩し、ゆうちょ銀行に数百万円を移している。ゆうちょ銀の残高が底をつくと、保険料の引き落としが滞る。それが続くと「失効」となり、加入から2年以内だと営業手当を返さないといけない。局員がその手続きを主導ないしは、手助けしていたと見られる。

さらに決定的な矛盾は、かんぽの保険を解約するなどの対応をとった理由は「支払いが難しい」だったはずなのに、一郎さんはその数カ月後、今度は局員らからアフラックのがん保険に新たに加入させられている。

これについて、担当者は「かんぽに関してそうした手続きをさせていただいたが、がんの保障は別に乗り換えの提案をさせていただいた」と答えた。およそ答えになっていない、支離滅裂な発言だった。

さらに、三井住友プライマリーの1千万円の変額年金に関する説明も苦しい。当初は「希望に添う保険ということでご案内させていただきました」との一点張りだった。

だが、一郎さんの要望は「確実に息子に資産を残したい」とのことだったとの説明に対して、なぜ元本割れリスクのある商品なのかを問うと、これもまた支離滅裂なものになった。

局員　「投資経験を踏まえて……」
直美さん「父に投資経験はありましたか？」
局員　「ありませんでした」
直美さん「ではなぜ勧誘したのですか？」

局員　「ご希望に沿う形でのご提案ということで……」

こうした局員らは直美さんらに問い詰められると、ようやく否を認めるような発言をした。だがいずれも「いまそう言われて不適切と思いますが、当時は適切だと思っていました」と、あくまで当時は問題ないと認識していたとの立場は崩さなかった。

直美さんは憤る。「父は郵便局の人でなかったら、家にあげなかった。その信頼を逆手にとられてしまった」

全容のつかめない「不正販売」

2019年6月、保険を取材している記者として、とてつもなく大きな取材テーマに直面した。

かんぽ生命の保険をめぐる不正販売の問題だ。主要な舞台は、保険の引き受け会社であるかんぽ生命、保険代理店である日本郵便だが、ガバナンス（企業統治）のあり方を含めて、日本郵政グループ全体の問題といってもいい。2007年の郵政民営化以来、最大規模の不祥事とも呼ばれる。

かんぽの保険をめぐっては、顧客が不利益を受けるなど不適切な疑いのある契約が、2019年3月以前の過去5年分で少なくとも18万3千件（日本郵政グループはこの契約を「特定事案」と呼ぶ）あったことがわかっている。

原稿を執筆している現時点では全容が解明されておらず、断片的なことしか書けない。それでも最近の保険業界のなかでは未曽有《みぞう》の不祥事となっているこの件を、業界の動向をまとめた本として触れないわけにはいかない。

つくづく思うのだが、この問題の本質は結局、日本郵政グループの「顧客軽視の姿勢」に尽きる。小さなことから大きなものまで、顧客のことを置き去りに、自社の都合を優先していた実態が浮き彫りになる。日本郵政グループの対応を取材していると、こうしたことの連続だった。

6月下旬以降、とくに各種メディアがこぞって取り上げ、社会問題化している不正販売問題だが、一般の人はどこまで理解している人がいるだろうか。いくつかのキーワードを紹介することでなるべく簡単に説明していきたい。

顧客軽視ゆえの「転換」非導入

「ご契約調査及び改善に向けた取組について」

7月31日、日本郵政グループはこうしたタイトルの文書を発表した。「ご心配とご迷惑をおかけしており、深くお詫び申し上げるとともに、信頼の回復に全力で取り組む」こんな紋切り型の謝罪とともに、これから紹介するA～Fまでの類型に該当する事案18万3千件について、顧客を調査する意向を示した。

一つ目のキーワードは「乗り換え」だ。A～F類型はいずれもこの言葉に関連している。乗り換えは、現在加入していて満期がまだ来ていない保険契約から、新たな保険に切り替えることを指す。その際、古い契約を解約し、その前後で新たな保険に入り直すのが特徴だ。この乗り換え、それだけで即アウトという性質のものではないが、非常に問題含みな行為ともされる。なぜだろうか。

一般的に保険商品は、長期間入り続ける方が契約者にとってメリットが多く、満期を前に中途解約すると損をしやすい。とくに、かんぽ生命が主力としているのは養老保険など、満期になるとそれまで積み立てたお金に利回りが上乗せされて返ってくるような貯蓄性タイプ。こうした商品では、中途解約してしまうと解約控除として一定額が積立金から目減りするので、契約者が損を被る可能性がとりわけ高い。

デメリットはそれだけではない。新たな保険に入り直す際は、当然だが旧保険の契約時よりも年齢が上がっている。したがって、旧契約に比べて保険料が高くなる場合が多い。

健康状態が悪化している場合には、そもそも新たな保険への加入が審査段階で拒否される「謝絶」の可能性もある。そうなれば旧契約に戻ることもできず、「無保険状態」になってしまう。

このように「乗り換え」は弊害が大きいので、多くの保険会社は「転換」という制度を導入している。

転換とは、旧契約を解約せずに新契約に移れる、とする制度だ。具体的には、旧契約の積立金などを「下取り価格」として、新契約の責任準備金や保険料に充当する。この際、旧契約について解約控除は発生せず、旧契約の保障内容も引き継げる。

乗り換えに比べると転換の方が良いことは間違いない。だが、保険の消費者問題に詳しい桜井健夫弁護士は「転換も顧客に不利益が多く、問題のある制度だ。顧客に何らかを変える必要性があるなら、契約内容の変更や特約の追加などで対応できることが多い」と指摘する。転換時は自殺免責の期間がリセットされたり、告知義務違反になった場合には従来の契約が復活したりするなど、制度が複雑で顧客に誤解や混乱を招きかねないという。

また、乗り換えと転換はともに、生命保険会社にとって都合の良い商品に移行させられるリスクをともなう。たとえば、予定利率の高い商品から低い新商品に誘導される営業手法にも利用されかねない。そうなれば、顧客にとっては損だが、保険会社にとってはうまみがある。

ややこしくなってしまったが、転換の方が「まだマシ」なのが実態だ。転換制度を導入している大手生保では、乗り換え契約を事実上規制している。不自然な契約として、契約が発生すると上役が顧客に電話などで確認する対象となっている社もある。

保険業法にも「不当な乗換募集の禁止」が掲げられている。具体的には、「顧客に不利益となる事実を告げず、既契約を消滅させ新たな保険契約を申し込ませる行為」を禁じている。

かんぽ生命はそもそも「転換制度」を導入していない。そのため、保険を切り替えようとすると「乗り換え」で対応するしかない。これ自体がすでに顧客軽視の表れであるとしかいえない。

同社は転換制度を2021年4月以降に導入するとし、さらに「実施時期の前倒しも検討」とするが、遅きに逸した。これが問題の根っこの一つである。要するに、顧客が不利益を被った可能性のある乗り換えがかんぽ生命で相次いだのだ。「特定事案」の具体的な内訳を見てみよう。

6つの類型

・A類型（乗り換え謝絶）「契約乗換に際し、乗換前のご契約は解消されたが、乗換後のご契約が引き受け謝絶となった事案」

郵便局員が顧客に乗り換え契約をさせる際、まずは旧契約を解約させ、それから新規契約を申し込ませる。だがその際、かんぽ生命が顧客の健康状態の告知などを審査した結果、新契約を断ったケースだ。

これを業界の言葉で「謝絶」という。いわゆる乗り換えの失敗だ。かんぽでは2019年

3月末までの過去5年間で謝絶が1・9万人に上った。このなかには、結果的に「無保険状態」となった顧客もいたという。

ちなみに、転換制度ではそもそもこうした「無保険」にはならない。新契約が謝絶された場合、旧契約での契約が続くからだ。

・B類型（支払い謝絶）「契約乗換後、告知義務違反により乗換後のご契約が解除となり、保険金が支払謝絶等となった事案」

これはA類型の亜種というべきか。新契約に乗り換えたが、その後の告知義務違反などにより、保険金支払いが拒否されるケースだ。告知に対する局員のきちんとした説明がなかったことも十分に疑われる。この結果、入院や死亡などが発生した際に支払いが謝絶された。そもそも乗り換えなければ旧契約で保険金が支払われていたケースも含まれているという。B類型はA類型と同じ5年間で、3千件起きていた。

ここまでは、旧契約から新契約に移行する際に「転換制度」がないために乗り換えようとしたが、「失敗」したケースだった。次の類型は、そもそも不合理な乗り換えによって不利益が生じたケースになる。

・C類型「特約切替や保険金額の減額により、より合理的な提案が可能であった事案」

先ほど説明したように、乗り換えは顧客が不利益を被るおそれが強い。このケースは、本当なら乗り換えをしなくても済んだ案件を意味する。たとえば、新旧契約の違いは保障範囲が一部広いだけの場合は、特約で対応できるのであればそれだけ付け加えればよい。わざわざ本契約を解約する必要がないのである。

また、新旧契約が同じ養老保険で、違いは新契約の方が保険料が少ないだけの場合も同様だ。「以前入った養老保険の保険料負担が大きい」と言う顧客に対しては解約して新たな保険に入らせるのではなく、保険金の「減額」という対応で保険料負担を減らせる場合がある。それなのにわざわざ解約させたケースがC類型にあたる。これは、過去5年間で2万5千件に上っていた。

・D類型「契約乗換前後で予定利率が低下しており、保障の内容・保障期間の変動が

ない等の事案」

この類型は、より不可解な契約だ。新旧契約で保障内容や保障期間がまったく変わらないのに乗り換えているケースである。しかも、新契約では旧契約よりも予定利率が下がっている。つまり、乗り換えによって保険料は割高になっているのだ。しかも旧契約で積み立てたお金は、中途契約したせいで目減りしている。外形的には、こうした乗り換えをする合理的な理由が見つからない。これは過去5年間で2万件発覚している。

E類型、そしてやや特殊なF類型は後述する。

止まない怒りの声

6月24日、朝日新聞の朝刊1面に「かんぽ生命、不適切な販売　既存の保険、不利な契約へ乗り換え」という記事が掲載された。2018年11月のかんぽの新規契約を同社が調査したところ、学資保険を解約してまた同じ学資保険に入るなど、保険料上昇などが生じ、顧客のメリットが乏しい乗り換えが月約5800件見つかったという内容だ。おもに、先ほどの

C類型やD類型に該当する。

繰り返しになるが、「乗り換え」で中途解約すると、解約返戻金が支払い済みの保険料より減ったり、新契約の保険料が旧契約よりも高くなったりする。こうした形で顧客が不利益を被った可能性は高い。「不適切な販売」が横行していたと疑うには十分な内容だった。

紙面が掲載された日は、日本郵政グループの定例会見と重なった。ここで幹部らは不適切な販売であることを否定した。いずれの顧客も契約の際に意向確認書にサインしていることや、乗り換え契約で不利益を被る可能性があることを注意喚起する文書を局員が渡していることを根拠とした。

しかしその後も、かんぽ生命の不正販売をめぐる報道は過熱。謝絶の事例などさまざまな問題が報じられた他、テレビなどで連日、高齢者の生の声がとりあげられた。これまで泣き寝入りしていた、あるいは気づいていなかった高齢者の怒りや不安が噴出。「だまされた」などとする苦情が、日本郵便には通常の3〜4倍寄せられた。

そこで何より疑問視されたのは、顧客が契約書に「サインしているのだから問題ない」とする態度だ。

先ほど述べたように、乗り換え契約で顧客は不利益を被る可能性が非常に高い。かんぽ幹部は「ご契約に関する注意事項（注意喚起情報）」という冊子を契約前に提示していることを強調する。だが、かんぽの新規契約者はほぼ半数が高齢者。本当に中身を理解させたかは疑問だ。高齢者に対して複雑で膨大な文書をただ配ったことをもって「不適切ではない」とするのはおかしい。そうした文書を「免罪符」として配っているとしか思えない。

たしかに、もしかしたら法令違反には問われないかもしれない。だが近年は、金融庁の指導もあり、顧客本位の業務運営が常識となっている。明確な違反がなくても、顧客に配慮した営業体制でないことは明らかだった。

7月10日、とうとう日本郵便の横山邦男社長（元三井住友アセットマネジメント社長）とかんぽ生命の植平光彦社長（元東京海上ホールディングス執行役員）が会見を開き、「多数のお客様に不利益を生じさせ、保険募集の信頼を損ねた点を深くおわびする」などと陳謝した。

その後、日本郵便はかんぽ生命の積極的な販売を自粛。当面の間は顧客対応を優先するとした。

フロントラインセッション

なぜ、こうした問題が起きるのだろうか。ここでいったん視点を変えて、現場の「生の声」から探っていきたい。

混乱のさなかにあった8月下旬。日本郵便は「フロントラインセッション」という集会を開いた。

問題が報じられた6月下旬以降、現場で働く局員らにも動揺が広がっていた。「現場の社員の声に経営トップが直接向き合い、経営に生かす」。対話集会は、そんな趣旨で開かれた。第1回は首都圏の局員らが対象で、応募で選ばれた400人が参加。私はその音声データを入手した。

日本郵政グループが入る東京都内の本社ビル22階。近代郵便制度の創設者のひとり、前島密《ひそか》の名が冠された「前島ホール」に集会の冒頭、太く低い声が響いた。

「みんな胸を張ってほしい。卑屈になるな。ほとんどのすべての社員がお客様に真心を届けているではないか」

発言の主は日本郵便の横山社長。集まった局員らは最初こそ、横山氏のメッセージに耳を傾けていた。だが質疑応答に入ると一転、現場の怒りや不満が噴出。怒号も飛び交った。

ある局員は、不正販売に至った原因を横山氏にぶつけた。

局員「いろんな（人事評価）項目があるのに、何しろかんぽ（の保険商品）を売れと。かんぽをやらなければ人事評価でちゃんと見てくれない状況がここ数年続いている。それで疲弊し、やむなく顧客本位ではなく、自分本位、（郵便）局本位の営業になったというのが現実ではないか」

この頃、日本郵便は自粛しているかんぽの販売を10月から再開する方針を示していた。だが、体質が改まらなければまた同じ不祥事を繰り返すのでは、との懸念が相次いだ。先ほどの局員はこう言った。

局員「『解約させて』なんて頭は我々に毛頭ない。（保険契約の）乗り換えをさせたら、お客さんが損するのが目に見えてわかっている。成績はのどから手が出るほどほしいけど、そこまでして後味が悪い営業をしても仕方がない」

「でも数字に反映されないと、『何をやってきたのか、研修があるから行きなさい』と(言われる)。結局、数字がいい人が局長、部長に『良い子、良い子』されている。そういう状況が現場で起きている。だからこういった問題が起きるのは当然だ。現場の管理者たちに社員と目線を合わせて形で今後変わってもらわないと、このまま(かんぽの)営業を再開したとき、遅れを取り戻せ、数字をあげろということになりかねない」

この意見に対して横山氏は「(そんな指示は)しない!」と応じた。

経営陣トップの考えがどんなに「崇高」でも、現場には全然届いていない。そうしたフラストレーションはこのとき、頂点を迎えていた。

局員が「社長はそう言い切られたので、それを現場の部長、局長などにしっかり伝えていただきたい」と言うと、拍手がわき起こった。

ノルマへの強烈なプレッシャー

日本郵便で不正な保険販売が相次いだ背景には、厳しいノルマや営業成績の数字ばかりを見る体質が指摘されている。

日本郵便は毎年度、かんぽと協議のうえ「販売目標」を策定する。それが各支社、各郵便局に割り振られ、最終的には各郵便局員にも示される。東京支社の場合、２０１９年度の販売目標は郵便局ごとに異なるが、東京支社管内では２５０万～３００万円程度が多かった。

局員には販売実績の達成状況を示した「推進率」の一覧が示され、毎日それをもとに上司からハッパをかけられる。「何としても今月は達成率を突破しましょう！」といったメールも届く。

ノルマ営業の異常さは、次のような事実からもわかる。

２０１８年5月、南関東支社では「かんぽ非常事態宣言」なるものが発令された。

5月中旬の時点で累計の推進率が10・27％であることをもって、「達成ガイドラインからすでに3・33％の遅れとなっており、このままでは昨年度に続き未達になってしまう」と警

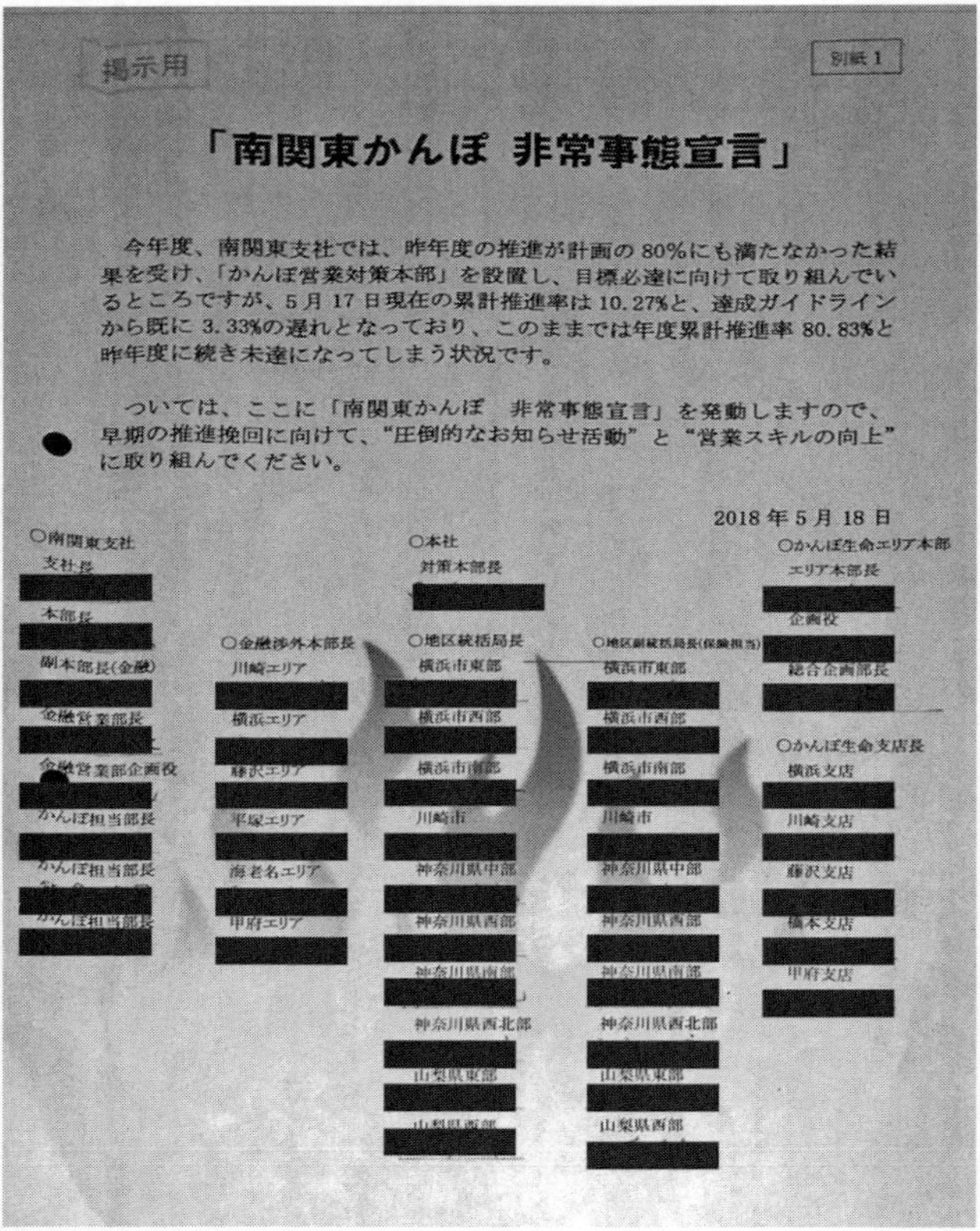
掲示用

別紙 1

「南関東かんぽ　非常事態宣言」

今年度、南関東支社では、昨年度の推進が計画の 80％にも満たなかった結果を受け、「かんぽ営業対策本部」を設置し、目標必達に向けて取り組んでいるところですが、5 月 17 日現在の累計推進率は 10.27％と、達成ガイドラインから既に 3.33％の遅れとなっており、このままでは年度累計推進率 80.83％と昨年度に続き未達になってしまう状況です。

ついては、ここに「南関東かんぽ　非常事態宣言」を発動しますので、早期の推進挽回に向けて、“圧倒的なお知らせ活動”と“営業スキルの向上”に取り組んでください。

2018 年 5 月 18 日

○南関東支社
支社長
[redacted]
本部長
[redacted]
副本部長(金融)
[redacted]
金融営業部長
[redacted]
金融営業部企画役
[redacted]
かんぽ担当部長
[redacted]
かんぽ担当部長
[redacted]
かんぽ担当部長
[redacted]

○金融渉外本部長
川崎エリア
[redacted]
横浜エリア
[redacted]
藤沢エリア
[redacted]
平塚エリア
[redacted]
海老名エリア
[redacted]
甲府エリア
[redacted]

○本社
対策本部長
[redacted]

○地区統括局長
横浜市東部
[redacted]
横浜市西部
[redacted]
横浜市南部
[redacted]
川崎市
[redacted]
神奈川県中部
[redacted]
神奈川県西部
[redacted]
神奈川県南部
[redacted]
神奈川県西北部
[redacted]
山梨県東部
[redacted]
山梨県西部
[redacted]

○地区副統括局長(保険担当)
横浜市東部
[redacted]
横浜市西部
[redacted]
横浜市南部
[redacted]
川崎市
[redacted]
神奈川県中部
[redacted]
神奈川県西部
[redacted]
神奈川県南部
[redacted]
神奈川県西北部
[redacted]
山梨県東部
[redacted]
山梨県西部
[redacted]

○かんぽ生命エリア本部
エリア本部長
[redacted]
企画役
[redacted]
総合企画部長
[redacted]

○かんぽ生命支店長
横浜支店
[redacted]
川崎支店
[redacted]
藤沢支店
[redacted]
橋本支店
[redacted]
甲府支店
[redacted]

南関東支社に貼られたメッセージ

告する。

そのうえで、「早期の推進挽回」に向け、「圧倒的なお知らせ活動」と「営業スキルの向上」に取り組め、と求める。さらに支社長や金融渉外本部長などの署名が書かれた「血判状」のようなものも添付された。

これを見せられた局員はどうするだろうか。過度なプレッシャーのもと、無理な営業をしてしまうのは想像に難くない。

なお、郵便局の保険販売でいうところの「販売目標」「販売実績」とは、保険契約を1件獲得した場合、その月額保険料でカウントされる。この保険料に、保険の種類によって係数が掛けられる。たとえば、契約に特約がついていた方が係数はあがる。こうした販売実績は、営業手当や賞与に反映される。

たとえば1万円の保険料の終身保険を獲得すると、勤続年数や特約の有無などで多少変わるものの、1万円前後ほどが手当としてもらえる。

渉外営業社員の収入は、実績に応じた営業手当に左右される。局員の中央値で見ると年収の約4分の1を占めた。なかには年収が2千万円を超える局員もいて、こうした人たちは「優績者《ゆうせきしゃ》」と呼ばれ、豪華旅行に連れて行ってもらえるなど、周りから尊敬の念を集める。

る。

さらに日本郵便では支社ごとに独自の評価制度を設け、郵便局員に契約獲得を競わせている。たとえば東京支社の場合、「かんぽマイスター制度」と呼び、販売実績に応じて星1～5に分類。月平均27万円以上なら最高位の五つ星。27万～20万円は四つ星などと区分され、10万円以下は最低の一つ星となる。星4～5だと旅行やパーティーに招かれる一方で、星1～2の人は「成長期待社員」として研修受講を求められる。局員の間では「懲罰研修」と呼ばれており、以前はこの場でプライドを侮辱《ぶじょく》するような叱責《しっせき》が公然と行われていたという。同様の制度は他の支社にもあるそうだ。

都内の一つ星のある男性局員は「実績が悪いと、さげすまれ、『足を引っ張るな』などと上司から怒鳴られ、プレッシャーをかけられる。成績が良い人間は周りから『神』扱い。顧客に必要かどうかはまったく関係なく、数字がすべてになってしまう」と話す。

経営陣と現場の乖離

不正販売の背景には、過大なノルマや数字第一主義の組織文化があると書いた。だがその根っこには、現場と経営陣の大きな意識の乖離があるのではないか。フロントラインセッションのやりとりを聞くと、そう思わざるを得ない。

日本郵便では、若手の離職が問題になっている。これにも厳しいノルマが影響しているといわれる。ある局員は横山氏にこう投げかけた。

「周りの仲間は『この仕事は好きだけど、数字という結果が出ないから』と退職していった」

「こういう問題になって、（辞めた局員から）『郵便局どう、大変だね』とかなり電話がくる。『郵便局辞めてよかった』とみんな言っている」

これに横山氏が「（辞めた局員は）みんな損したね」と言うと、会場からは「そう思っているのは社長だけだよ！」とヤジが飛んだ。

横山氏は「これからいい会社になるよ。業績だってみんなが知っている頃と、まったく異次元の業績になっているわけでしょ」と言ったが、会場からはたたみかけるように、「架空でつくったやつじゃないか！」と、不正販売に関連づけたヤジも飛んだ。

別の局員が発言した。

「昔から言われているように、ポーズが好きな会社だ。直接現場で見てきたが、変わったという手応えはない」

この局員は、会社の体質を問題視。横山氏が19年3月期の好業績などを引き合いに「会社は変わってきた」と強調したことに対して、反論をぶつけた。

どんなヤジに対しても冷静沈着だった横山氏だが、「会社が変わってない」との言葉には反応した。「不本意」と述べ、「何も変わってない?」と局員に逆質問。

だが局員も負けてない。「現場では体感できない。給料が下がっていることは体感できるが」とばっさり。会場からは笑いや拍手が起きた。経営トップへの敬意は感じられない、失笑だ。いかに現場が経営層を信頼していないかが透けて見える。

そもそも、かんぽの商品の魅力はここ数年で格段に落ちている。

かんぽの商品は養老保険や学資保険など、貯蓄性保険が中心だった。だが2016年2月のマイナス金利導入以降、同年8月と翌年4月に予定利率を下げた他、一部の保険を販売停止とした。

以前は、たとえばかんぽの養老保険などは満期が来れば支払い保険料の合計よりも多くの金額が戻ってきた。しかし、いまやかんぽの保険に「元本割れ」のない商品は基本的に存在しない。

２０１８年３月期からは貯蓄性保険の販売が、がた落ちした。その一方で新たな入院特約を発売。これまでよりも入院での給付を手厚くした。また、保険料が少ない代わりに返戻金も少ない終身保険も投入した。

だが率直に言って、そこまでパッとした商品ではない。それでも収益低下を補いたいかんぽと日本郵便が販売目標を商品に見合った規模にしなかったことが、現場に大きな無理を生じさせる一因となった。

純粋に新規の契約を獲得することは、容易ではない。それでも件数を稼ごうとし、すでに保険に入っている人の好い高齢者に乗り換えさせる。顧客は不利益を被るが、郵便局を信頼しているので気づかなかったり、仕方なく「お付き合い」してあげたり。こういった営業が常態化し、ある時点で問題が噴出した。

「高齢者は郵便局のファン」

先ほどのフロントラインセッションは予定時間をオーバーして約2時間半の長丁場となった。過剰なノルマ、経営陣による現場軽視、自粛期間中の給料補填《ほてん》、劣悪な職場環境……。

局員がぶつけたテーマは多岐にわたった。

顧客第一という意識に本当に変わっていくのか。横山氏に対して、私が最も違和感を持ったのは次の発言だ。

「高齢者の方は、郵便局のファンです。この方々が生きている間は郵便局を助けてくれる。お亡くなりになった瞬間にご遺族の方が『何をしているのか』となる」

「どんな世界でも、他の金融（機関）だって、お付き合いはありますよ。自動車業界だってみんなありますよ。長年の信頼関係のなかでお付き合いをしてくれるというのは。『経済合理性のない取引』だと言うけれども、それは信頼関係だからね」

横山氏は同時に、「ちゃんとご家族の納得のうえで、そういったことがなければならないというのが今回の反省点だ」とも付け加えた。

この集会の模様について、不正販売の被害者はどう思うのか。

「『高齢者はファン』というが、誰もこんなひどいことをすると思っていなかったはずだ。経営者の発言にこの組織の体質が表れている」

この章の冒頭に出てきた橋本さんの長女・直美さんは憤る。

「高齢者はファン」。だから多少の不利益はお付き合いしてもらう。これこそ顧客軽視の姿勢の根っこだと思う。このような意識が抜本的に変わらないかぎり、郵便局への信頼は失墜《しっつい》するだろう。そこを理解していないのでは、と思わざるを得ない。

「マエサンアトロク」

顧客軽視、高齢者への甘え——。こうした意識が染みついた郵便局は、「モンスター」を生み出してしまった。

先ほどは、ノルマに追われてやむを得ず不適切な営業をしてしまう局員像を中心に述べてきた。

だが最近、郵便局を辞めた局員は「郵便局員には『全然成績がない層』と、『まあまあな層』、『めちゃくちゃとってくる層』がある」と指摘する。

この局員によると、「まあまあな層」以下が、ノルマに追われて乗り換え契約をしているという。特定事案でいうA～D類型に該当する。『めちゃくちゃとってくる層』は、こんな稚拙《ちせつ》なことをしない」そうだ。

これを理解するには、日本郵便の保険販売の成績カウントルールを知る必要がある。

局員には販売目標が課され、実績の達成状況を示した「推進率」の一覧が示されることはすでに書いた通りだ。また、ここでいう販売実績とは、保険契約を1件獲得した場合、その月額保険料であるとも述べた。

これを詳しく見ると、純粋な新規契約と乗り換え契約では実績のカウントが異なる。たとえば月1万円の保険料の保険を獲得しても、乗り換え契約では実績が半分扱いとなるのだ。同時に営業手当も半額となる。

それでも乗り換えをとってくるのは、顧客がすでに保険を契約しており、加入商品を増やすニーズがないためだ。そもそも、かんぽの新規契約(乗り換え含む)のほぼ半数は60歳以上の高齢者。ほとんどが保険に加入済みなので、満期を迎えた顧客以外に純粋な新規案件を獲得するのは容易でない。

加えて、かんぽ特有の事情もある。民業の圧迫を防ぐために、かんぽは顧客が結べる契約の保険金は上限2千万円と決まっているのだ。この上限に届いてしまいそうな顧客は、まず旧契約を解約しないと新契約を結べない。

しかし「めちゃくちゃとってくる層」は、狡猾な手口を使う。それが「乗り換え逃れ」(社内用語では「乗り換え潜脱」)だ。

ちなみに、かんぽの社内にはいくつもの隠語があって、「前3、後6（マエサンアトロク）」と呼ばれる用語もここに絡んでくる。

「乗り換え」の判定基準は次の通りだ。

・新契約に加入して6カ月以内に旧契約が解約された場合（アトロク）
・旧契約を解約して3カ月以内に新契約に加入した場合（マエサン）

「アトロク」では、新契約を結んだ後の6カ月はあえて旧契約を存続させる。そして乗り換えと判定されなくなる7カ月目以降に旧契約を解約させる手法だ。「半年カブセ」とも呼ばれる。

こうすれば、乗り換えに該当せず、局員は評価も手当も満額もらえる。ただし顧客はこの間、保険料を二重に払うことになる。顧客にとっては明らかな損だ。「6カ月間は解約できないんですよ」といった、保険業法違反にもなる嘘の勧誘をしていたケースもある。

「マエサン」は逆に、旧契約を解約させてわざと4カ月目以降まで待ち、そのタイミングで新契約に加入させる。顧客はこの期間、無保険状態になってしまう。実際、この時期に事故が発生し、本来なら保険金をもらえたはずなのにもらえない事例も発生している。

実は「特定事案」の最後の二つの類型E、Fはこの乗り換え潜脱を指している。

・E類型　「契約乗換の判定期間後（乗換後の契約の契約日の後7か月から後9か月）の解約により、保障の重複が生じた事案」

・F類型　「乗換後の契約の契約日の前4か月から前6か月の間に、乗換前のご契約が解約され、かつ引受謝絶や支払謝絶等（A～D類型）に該当しないもの」

5年間で類型Eは7万件、類型Fは4・6万件も発生していた。

先ほどの元局員は明かす。

「できる人はずっと同じお客さんを転がす。たとえば新規の学資保険を重ね、前の学資を7カ月目に解約させたりする。定期的にこういう手法を繰り返せば、ずっと良い数字を維持できるんですよ」

日本郵政グループは9月30日、「特定事案」の調査について「中間報告」を公表した。

それによると、18万3千件の特定事案のうち、かんぽ社員が顧客に契約時の状況などを確認できたのは全体の4割の6万8千件だという。このうち、勧誘時に虚偽の説明をしたなどの法令違反の疑いが約1400件、高齢者の勧誘時に家族を同席させないなどの社内規定違反が約4900件あった。

法令・社内規定違反の疑いのある事案で最も割合が大きかったのが、乗り換えの際に保険を重複させたことで保険料が二重負担となっていたケース（＝E類型）だ。全体の9割近く、約5500件に上った。

法令違反の疑いがあるのは、たとえば顧客が既存の契約の解約を求めているのに「解約できないルールがある」などとウソの説明をし、意図的に契約期間を引き延ばしたものが多いという。

ただ、中間報告時点ではまだ調査できていない契約が全体の6割以上の11万5千件残っているため、不正件数の増加は必至である。

「ヒホガエ」

ただ、問題はこれにとどまらない。悪質な局員は、かんぽの営業評価ルールの穴を巧みについて、さまざまな悪質な手法を開発した。その代表が「ヒホガエ」である。

この手口では、契約者に対して保険をかける相手（被保険者）を短期間で変更させる。「被保」を変えるから「ヒホガエ」と呼ばれるわけだ。

たとえば高齢の母（A）に養老保険などを契約してもらおうとする。「自分はもう保険はいらない」と言われた場合、「息子さんの備えを用意させてあげましょうよ」などと言って、保険をかける際の被保険者は長男（B）にして、契約者である母（A）に保険料を払ってもらう。

局員はさらなる新契約を取ろうと、今度は「次男さんにも保険に入れてあげないと不公平ですよ」などと、被保険者が次男（C）の別契約を母（A）に勧めたとする。

ここで「もう保険料が払えない」と断られた場合、長男の分の保険を解約させて、次男が被保険者となる新契約を結ばせてしまうのだ。

図表6-1　ヒホガエ（被保険者変え）の契約のしくみ

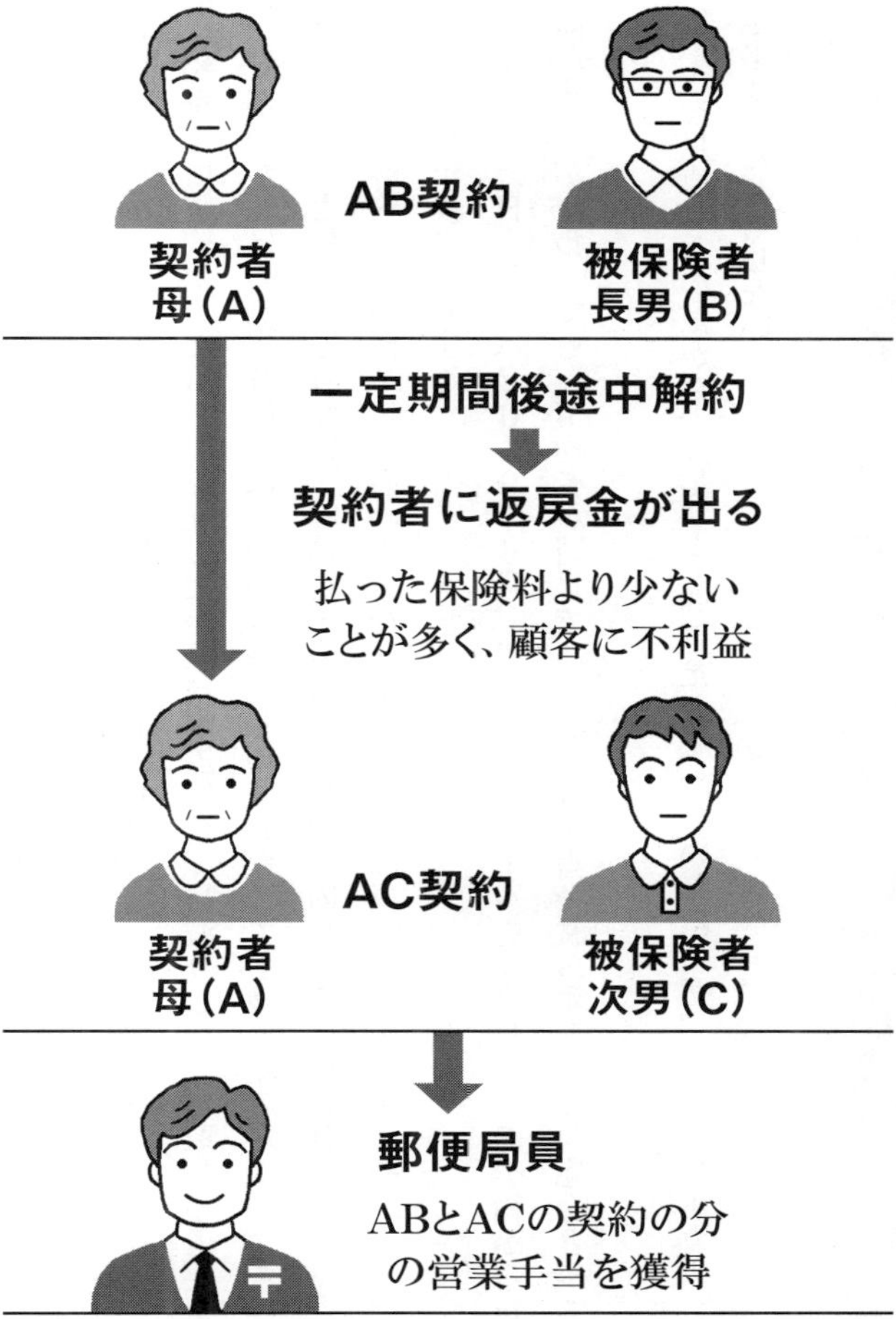

出所：筆者作成

「長男さんよりも介護してくれているのは次男さんですよね」

「次男さんは子供が生まれたから備えが必要です」

こうした契約は「ＡＢ契約→ＡＣ契約」などともいわれる。

旧契約を途中解約するため、積み立てた保険料が違約金で目減りし、受け取れる返戻金が減る。しかしかんぽの判定基準では、契約者が代わっていなくても被保険者が変わっていれば「乗り換え」とはみなされない。評価も手当も新規契約と同じように扱われる。

保険商品の解約が契約後２年以内の場合などは手当を一部返すルールがあるので、ヒホガエは契約の２年後に多発する。

これを受けた日本郵便は２０１９年４月、局員の手当ルールを見直して、旧契約から新契約で被保険者が変わっても、契約者が同じである場合は手当を減らすという対応をとっていた。

ルールを見直したのだから、社内でも問題だと思っていたはずだ。だが「ヒホガエ」は「特定事案」に該当しない。

90代女性に54件の保険を契約

他にもまだある。「料済み」、「減額」を使った手法だ。

料済みとは「保険料の払い込みを中止し、そのときの解約返戻金にもとづいて保険金を減額する」ものだ。

たとえば当初、10年満期の保険金１千万円の養老保険に入ったとする。仮に加入４年目で支払いが厳しくなった場合、支払いを止めることができる。元々の補償内容では、契約中に死亡した場合、１千万円が支払われるが、「料済み」となれば、支払い済みの３００万円の解約返戻金にもとづいた保障内容となる。

「減額」も似たような考えで、「保険金額を減らすことにより、以後の保険料を少なくする制度」のことだ。減額を行った場合、その部分の保障がなくなる。

悪質な局員は「数年後には保険料を減らすこともできるので、大きめで入っておきましょう」などと勧誘する。多額の保険に入らせた方が営業手当が良いからだ。

まだまだある。その一つは「他社への乗り換え」だ。シンプルゆえに、お金はないけど言うことを聞いてくれる顧客には最適な手口である。

いま問題になっている乗り換えは、「かんぽ商品からかんぽ商品」への切り替えだ。ただ郵便局では、アフラック生命のがん保険など他社商品も扱っており、そちらへの乗り換えは問題ないとされる。ある郵便局員は、「毎年一人のおばあちゃんに乗り換えさせている優績者もいた」と証言する。

かんぽが金融庁に報告した事案には、耳を疑う事例もある。東北地方の90代女性が10年間で54件の保険を契約し、すべて解約。勧誘に携わった局員は27人に上った。1人の高齢者を狙い、局員が入れ代わり立ち代わり契約を取ったとみられる。

「特定事案」は氷山の一角

先ほども触れたように、かんぽ生命は18万3千件の「特定事案」について、顧客への調査を進めている。訪問や電話で確認し、意向に沿っていなければ保険料の返還や旧契約を復元するなどの対応をとる。

だが、ここまで読んできたみなさんには明らかだろう。顧客が不利益を被ったであろう、不適切な疑いのある販売は「特定事案」だけではない。氷山の一角にすぎないのだ。日本郵政グループは意図的に問題を矮小化しているとさえ思える。

そもそも、かんぽの不正販売が発覚したのは、同社を調査していた金融庁がデータを出させたことがきっかけだ。私が金融庁幹部へ「なぜ乗り換えがピックアップされたのか」と問うたとき、「不利益の可能性が高く、わかりやすいから」という回答が返ってきたことを思い出す。

つまり、問題は乗り換えに関連する事柄だけではないのだ。それなのに日本郵政グループは「特定事案」という、自らがつくった枠のなかで「顧客対応」をしようとしている。

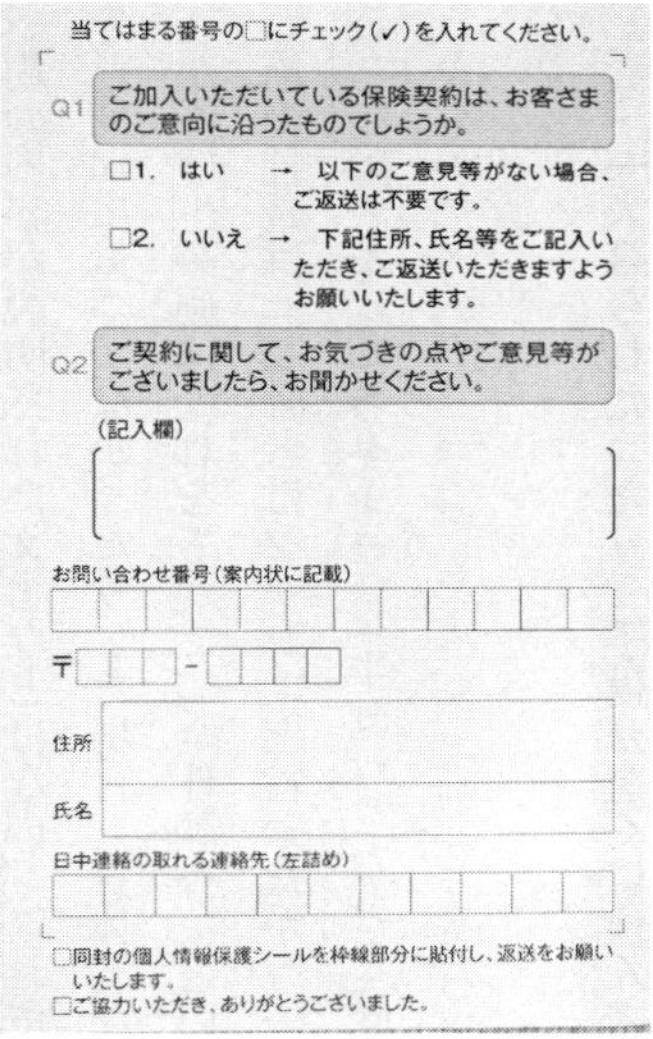
当てはまる番号の□にチェック(✓)を入れてください。

Q1 ご加入いただいている保険契約は、お客さまのご意向に沿ったものでしょうか。

□1. はい → 以下のご意見等がない場合、ご返送は不要です。

□2. いいえ → 下記住所、氏名等をご記入いただき、ご返送いただきますようお願いいたします。

Q2 ご契約に関して、お気づきの点やご意見等がございましたら、お聞かせください。

(記入欄)

お問い合わせ番号(案内状に記載)

〒　-

住所

氏名

日中連絡の取れる連絡先(左詰め)

□同封の個人情報保護シールを枠線部分に貼付し、返送をお願いいたします。

□ご協力いただき、ありがとうございました。

かんぽ生命が契約者に送ったはがき

かんぽ生命は全契約者約1900万人を対象に「全件調査」を掲げている。しかしその実態は、顧客宛てに2~3個の質問をした返信用はがきが同封されただけの空虚な内容だ。

契約の内容が説明された文書などはない。これでは、よくわからず返信しなかったり、そもそも通知に気づかなかったりした場合、具体的な調査には進展しない。

かんぽ生命側はこれをもって「全件調査」というが、あまりにもおそまつだ。

横山社長は「高齢者はファン」と言ったが、一部の悪質な局員は、簡単に保険に入ってくれる高齢者を「ゆるキャラ」「半ぼけ」などと呼んでいた。そうした高齢者の特徴は次のようなものだ。

・一人暮らしだったり、子供が遠くに住んでいたりして頻繁には訪れない
・玄関や庭が整理されていない
・気が弱そうですぐに人の話を信じる
・簡単に局員を家のなかにあげてくれる
・お金の管理が甘く、容易に通帳を見せてくれる
・認知能力が低いか、聴覚や視覚などが衰えている

あなたの親がもし一つでも該当するなら、郵便局に注意した方がよい。

ここまで読んできて、郵便局に対してどういう印象を抱いただろうか。

「バカまじめ」。これは「ゆうパック」のCMのキャッチコピーだが、一般の人が抱く郵便局員に対するイメージの一つはこういうものだろう。

私自身、かんぽ問題の取材に携わる前は、郵便局に対してこうした印象を抱いていた。どこかの生命保険会社がチャイムを鳴らしたとしても、私はドアを開けるつもりはない。でも「郵便局でーす」と言われたら、まず開けるだろう。

しかし、それは幻想だった。

彼らはその信頼感につけ込む。ある局員は、「事前にアポ入れの電話をすると、保険を販売するというのがわかって断られる。いきなり訪問した方が、かえって家のなかにいれてくれる」と語る。

全員とはいわないが、少なくとも一部はノルマに追われてか、あるいは営業手当ほしさゆえか、高齢者を食いものにする存在だ。郵便局の制服という信頼の厚い「仮面」をかぶっているから非常に恐ろしい。

ただ、それよりも怖いのは、経営陣のおそるべき当事者意識や危機感の欠如だ。少しでも問題を小さく、小さくしようとする。

だが世間が、当局がそれを許さない。そこで厳しい批判を浴びると、ほんの少し譲歩する。その態度が逆に怒りを増幅させる。

経営陣は本当に経営をしているのだろうか。彼らの一番の問題は、組織として何が問題かを理解できないところにある。

今後、かんぽ問題がどう着地するかは見通せない。個人的には「解体的出直し」を望むが、これまで経営陣があらゆる場面で後手後手の対応をとってきたことを見ると、期待は薄い。すでに郵便局への信用は失墜している。販売を完全に再開させたとき、「郵便局ファン」は果たして、どれだけ残っているだろうか。

おわりに

ここまで、保険業界の動向や課題をテーマ別に見てきた。

人口減や保険に対するニーズの飽和に、低金利が追い打ちをかける。そんな厳しい環境にある保険業界が、それでもトップラインを他社よりも伸ばそうとする。そうしたなかで、顧客に対して本来は必要ない商品をさも必要かのように勧誘する、あるいは商品の魅力を本来以上に誤認させるなどの問題が現場で起きていた。

低金利が続く状況で、支払い保険料に上乗せした受取額を約束する貯蓄性保険は高い利回りを約束できない。各社は予定利率を引き下げたり、販売停止したりといった対応に迫られた。

一時払い終身保険の「標準利率」が、２０２０年１月にはとうとう０％になる見通しだ。

標準利率に合わせれば、「貯蓄性保険」のメリットがまったくないも同然だ。それでも高い予定利率を設定すれば、初期に多額の責任準備金の負担が生じ、経営を圧迫しかねない。生保各社はさらに難しいかじ取りを迫られる。

生保の多くは代わりに、第2章、第3章で扱ったような外貨建て保険に注力する。ただ、紹介した通り貯蓄性というより投資性の商品であり、メインの販売網である銀行では、「リスクの説明が不十分だ」など、適切な販売が行われないことへの苦情が増えている。

一方で、生死や傷病などのリスクに対する保障を目的とした保障性の商品でも課題に直面する。これまで本腰を入れてこなかった生保も、医療保険やがん保険、介護保険など「第三分野」に力を入れるようになった。そこでは大手・中堅・外資各社が入り乱れての競争となり、結果的に保険料の低下や支払い率の増加が進み、収益性の低下も危ぶまれている。

こうした商品の販売チャネルとして存在感が増しつつある「乗り合い代理店」に対しては、少しでも自社商品を売ってもらおうと、過剰なインセンティブ報酬合戦が後を絶たない。

商品開発においても、競争は激化している。就業不能保険や認知症保険、トンチン年金など、次々と新しいタイプの保険が投入される。本当に必要なのか、玉石混淆《ぎょくせきこんこう》だ。なかには節税保険のように、どうみても無理のある、もはや保険と言えないような商品も生み出されてしまった。保険は売り手と買い手の情報格差が大きいと述べたが、ますますその傾向に拍車がかかっている。その「ギャップ」につけ込んだ販売が増える懸念は高まっている。

したがって、収益の低迷に苦しむ金融機関が無理な経営や営業、商品開発に走らないよう、内部態勢の管理がこれまで以上に問われている。それには言うまでもなく、経営陣の「コンプライアンス」の姿勢が重要だ。

こう書くと「そんなの当たり前だ。いまどきコンプラを意識しない経営者なんていない」といった批判を浴びそうだ。

だが、本当にそうだろうか。企業のコンプライアンスにおいて近年、「ルール・ベース」と「リスク・ベース」の2区分が注目を集めている。

ルール・ベースでは、金融機関は法令や検査マニュアル、社内規定を形式的かつ厳格に遵守することが重んじられる。

こうした規定は、はっきりいって非常に細かい。正直、すべて覚えていられない。必然的に、コンプラ部門に任せがちになる。経営陣は、定期的に報告を受けるだけになりがちだ。他の部署へは閉ざされがちになったコンプラ部門は、どちらかというと問題が発生してからの対応が多くなる。事態への対処が後手後手に回ってしまいがちだ。

一方でリスク・ベースでは、社会情勢や環境の変化をくまなくウォッチし、「何が自社のコンプラ上の問題になりうるか」を自問自答する。そして、コンプラ上の問題は自社の経営と不可分に発生すると捉える。経営上のリスクであるからには、経営陣のテーマそのものとなる。コンプラ部門だけに任せるといった発想にはなりえない。

たとえば、次のようなケースは珍しくないのではないか。

「『お客様第一』の徹底を!」「無理な営業はせず、お客様に感謝される営業をしよう」ある経営者は、経営会議やマスコミの取材などで、つねにこうした美辞麗句を唱えていた。だが、現場では多数の顧客に無理やり商品を販売していたことが発覚。すると、この経営陣は激怒する。「なぜ私の考えが現場まで浸透していないんだ! 私はいつも『お客様第一』と唱えていたではないか」

いかにもありそうな話だ。

この会社は、厳しい環境なのに業績が好調なことでも有名だった。だが、その実情は、経営者が現場を顧みずに過剰な営業目標(ノルマ)を課していたのだ。

きれいごとの一方で、現場には厳しいノルマが突きつけられる。中間管理職以下はそうした「矛盾」を敏感に察知し、「忖度」する。コンプラという目に見えにくいものを置き去りに、成績至上主義に走る。現場は疲弊し、いつしか顧客を犠牲にした販売に至ってしまう。経営陣への強いパイプがなく「もの申せない」コンプラ部門は、実態に薄々気づいているものの、なるべく事を荒立てないようにする。法令違反がありそうだが、明白な根拠が出てこないかぎり、強く問題視しない。

日本郵便によるかんぽ生命保険の不正販売問題はまさに、こうした「コンプライアンス・リスク」の代表例だろう。

かんぽ生命は、問題発覚の当初から「顧客がサインしているから」といった「法令至上主義」的な弁明が目立った。顧客が不利益を被っている事例が多数見つかっているのに、「契約書にサインがある」「保険業法違反の件数が少ない」（そもそも違反をチェックする体制が緩かったと指摘されている）などを理由に、「問題ない」との立場を崩さなかった。

日本郵政グループのホームページには、「顧客本位」といったような言葉が頻繁にでてくる。一方で、現場が疲弊するようなノルマは、低金利下で商品性が落ちていたにもかかわらず、抜本的に見直されることはなかった。２０１８年４月にＮＨＫの「クローズアップ現代＋」がかんぽの不正販売問題を報じても、経営陣には「悪意のある報道」としか捉えられなかった。

募集態勢の整備を担う幹部は「これだけやった」と、ルールの改正や新たな取り組みがずらっと並んだリストを、私に見せてくれた。だが、過大なノルマや成果偏重の企業文化が変わらなければ、形式的なルールが加わったにすぎない。現場の負担が増すだけで、さしたる意味はない。それなのに、経営陣は形式的な整備に満足していた。

先ほども述べたが、コンプライアンス上の重大問題は、ビジネスモデルと別なところに生まれるのではなく、不可分に生じる。しかし、２０１９年6月に問題が大きく報じられるまで、日本郵政グループの取締役会で不正販売について取り上げられることはなかったという。


生保業界は、かんぽ問題をどちらかというと「対岸の火事」として見ている。「かんぽは20年前の我々。『悪しきガラパゴス』だ」。かんぽ問題がまさに「炎上」していた２０１９年夏、ある大手生保幹部は私にこう漏らした。

たしかに、生保業界が改善を進めてきたのは事実だ。90年代、00年代に不払い問題や転換問題を経験した民間生保。いまだに不十分なところもあるだろうが、おかしな多重契約や乗り換えなどはシステム上、アラートが出て本部がチェックするなど、対策をとっている社が大半だ。

一般的な生保では、あれほどあからさまに顧客をだますような手口が広範囲に広まり、横行しているとは思えない。かんぽ生命や日本郵便の対応や意識は、保険業界を批判的に取材していた私から見ても「話にならない」と思うことの連続だった。

ただ、対岸の火事とみなすことは危険だ。ある大手生保の若手広報担当者が私に、「日本郵政グループだけの問題にしてはいけない。さらにコンプライアンス意識を上げる絶好のチャンスだ」と話してくれた。

生保業界では低金利状況を一時的な「逆風」と捉え、販売現場にしわよせするだけで乗り切ろうとする発想がないだろうか。人口減にニーズの飽和という事態はそもそも従来のビジネスモデルの限界を示唆している。そこに向き合うことこそ、リスクベースのコンプライアンスにつながるのではないだろうか。


注目すべきは近年、「顧客本位」を掲げる金融庁が、行政処分の検討にあたっても単なる法令遵守から判断の軸足を移していることだ。スルガ銀行や東日本銀行など、ここ最近に行政処分を受けた金融機関の処分理由として「顧客の利益を害する業務運営」を挙げている。

そういう意味で、かんぽ問題について金融庁のある幹部が「極端な話だが」という前提で話してくれた言葉は印象的だ。「顧客の利益になっている保険業法違反の事例と、顧客の不利益になっている適法な事例がそれぞれ多数見つかった場合、後者の方を問題視する」

もちろん、「法令違反が問題ない」と言いたいわけではない。「法令違反がないから問題ない」としている姿勢がより問題だ、ということだ。他の生保もこのことを教訓とすべきだ。

保険商品のトラブルは、証券会社が販売する、たとえば仕組み債などの超リスク性の商品と比べれば、損失の少ないケースが多い。訴訟やＡＤＲになれば、損失以上の支出が必要だったり、長い時間がかかったりするので、高齢者などでは心労に耐えられないこともある。そこで大半の方々は「泣き寝入り」となってしまう。

朝日新聞で金融担当となって以来、生保業界から「カモ」にされたと言わざるを得ないような多くの方々に、実際に話を聞かせてもらった。つらい記憶を呼び起こして話していただいても、「自分はお役に立てないのでは」と、いつも申し訳ない気持ちになった。

本書はこうした方々に、なにがしかのものとなれたら、と思う。

また、個人的に、生保業界は世の中の批判や意見にかなり敏感だと思っている。私はときどき、「批判が多くて、生保業界から無視されないのか」と聞かれることがある。実際のところは真逆だと考えている。

優れているなと思える経営陣ほど、批判でも真剣に耳を傾けてくれる。「気づかせてくれてありがとう」と声をかけてくれた幹部もいるほどだ。

その意味で本書は、生保業界をさらに改善しようと願う、たくさんの業界関係者にも支えられたといってもいい。

なお、本書の執筆にあたっては、とくに保険アナリストの植村信保氏に基本的なことを含めて、的確な助言をいただいた。また、光文社新書の高橋恒星氏には企画段階から大変お世話になった。

２０１９年10月

柴田秀並

画像提供／朝日新聞社
図版作成／デザイン・プレイス・デマンド

柴田秀並（しばたしゅうへい）
1987年東京都生まれ。早稲田大学政治経済学部卒。2011年、朝日新聞入社。広島総局や西部報道センター（福岡）経済グループなどを経て、'18年から東京経済部に所属。保険や銀行担当を経て現在は金融庁を担当し、かんぽ生命の不適切販売問題も取材している。情報提供は shibata-s2@asahi.com までお寄せください。

生命《せいめい》保険《ほけん》の不都合《ふつごう》な真実《しんじつ》

2019年11月30日初版1刷発行
2019年12月15日　2刷発行

著者 ―― 柴田秀並
発行者 ―― 田邉浩司
装幀 ―― アラン・チャン
印刷所 ―― 萩原印刷
製本所 ―― 榎本製本
発行所 ―― 株式会社光文社
東京都文京区音羽1-16-6(〒112-8011)
https://www.kobunsha.com/
電話 ―― 編集部03(5395)8289 書籍販売部03(5395)8116
業務部03(5395)8125
メール ―― sinsyo@kobunsha.com

 ISBN 978-4-334-04443-5

1013
喪失学
「ロス後」をどう生きるか？
坂口幸弘

家族やペットとの死別、病、老化……私たちは「心の穴」とともに歩んで行く。死生学、悲嘆ケアの知見、当事者それぞれの向き合い方を学ぶ。過去の喪失から自分を知るワーク付き。

978-4-334-04419-0

1014
「ことば」の平成論
天皇、広告、ITをめぐる私社会学
鈴木洋仁

天皇陛下のおことば、ITと広告をめぐる言説、野球とサッカーが辿った道……。「平成」の形を、同時代に語られた「ことば」を基に探る極私的平成論。本郷和人氏推薦。

978-4-334-04420-6

1015
「家族の幸せ」の経済学
データ分析でわかった結婚、出産、子育ての真実
山口慎太郎

母乳育児や3歳児神話……。出産や子育てにおいて幅をきかせるエビデンス（科学的根拠）を一切無視した「思い込み」を、気鋭の学者が最先端の経済学の手法で徹底的に論破する。

978-4-334-04422-0

1016
不登校・ひきこもりの9割は治せる
1万人を立ち直らせてきた3つのステップ
杉浦孝宣

「8050問題」につながる若者の不登校・ひきこもりという社会課題に30年以上向き合ってきた教育者が語る、親子で生活を立ち直らせるための3ステップ。

978-4-334-04424-4

1017
教養としてのロック名盤ベスト100
川崎大助

現代人の基礎教養とも言えるロック名盤100枚を、これまでにない切り口で紹介・解説。著者の主観・忖度抜き、科学的な手法で得られた驚愕のランキングの1位は？

978-4-334-04425-1

1018

発掘！ 歴史に埋もれたテレビCM

見たことのない昭和30年代

高野光平

こんなモノがあったのか！ ナゾだらけの草創期テレビCMの実態とは？ 「名作」とはひと味ちがう、無名の発掘物でたどる「もうひとつのテレビCM史」。CM史研究の第一人者が解き明かす。

978-4-334-04426-8

1019

なぜ女はメルカリに、男はヤフオクに惹かれるのか？

アマゾンに勝つ！ 日本企業のすごいマーケティング

田中道昭 牛窪恵

日本企業は、なぜマーケティングでアマゾンに対抗することができるのか？ アマゾン分析の第一人者と、トレンド研究の第一人者が、マーケティングの秘策を徹底解説する一冊。

978-4-334-04427-5

1020

日常世界を哲学する

存在論からのアプローチ

倉田剛

「空気」って何？ 「ムーミン谷」はどこ？ 「パワハラ」の在り方とは？ 安倍内閣の「信念」って!? 当たり前を疑えば日常風景が変わる。「在《あ》る」をとことん考える哲学の最前線へ！

978-4-334-04428-2

1021

がん検診は、線虫のしごと

精度は9割「生物診断」が命を救う

広津崇亮

尿一滴で線虫が早期がんを高精度に検知する！ 驚異の検査法「N-NOSE」はがん医療をどう変えるか。産みの親である研究者が、自身の歩みやがん検診・治療の今後を伝える。

978-4-334-04429-9

1022

不登校からメジャーへ

イチローを超えかけた男

喜瀬雅則

日大藤沢高校↓不登校・引きこもり・留年・高校中退↓渡米↓新宿山吹高校（定時制）↓法政大学↓渡米――異色のベースボールプレーヤーのチャレンジし続ける生き様を活写！

978-4-334-04430-5

1023
掘り起こせ！ 中小企業の「稼ぐ力」
地域再生は「儲かる会社」作りから
小出宗昭

年間相談数４千超の富士市の企業支援拠点・エフビズ。そのモデルは今や全国に広がる普遍的方策だ。真の「強み」を見つけ、儲けに変えるノウハウを直伝。藻谷浩介氏との対談つき。

978-4-334-04423-7

1024
「マニュアル」をナメるな！
職場のミスの本当の原因
中田亨

ミスが多発する現場には、「駄目なマニュアル」があった！長年、人間のミスの研究を続ける著者が、マニュアル作りに悩む人のために、すぐに使える具体的なテクニックを紹介。

978-4-334-04431-2

1025
江戸の終活
遺言からみる庶民の日本史
夏目琢史

天下泰平の世に形成された「家」は肉親の死を身近にし、最期を悟った者は自らの教訓を込めて遺書を記した。近世人の言葉から当時の生き方と社会を読み取り、歴史学を体感する。

978-4-334-04433-6

1026
ビタミンDとケトン食 最強のがん治療
古川健司

末期がん患者さんの病勢コントロール率83％の「免疫栄養ケトン食」。そこにビタミンDの補給が加わることで、予想を超える効果が。学会も注目する臨床研究の結果を初公開！

978-4-334-04435-0

1027
死に至る病
あなたを蝕む愛着障害の脅威
岡田尊司

豊かになったはずの社会で、生きづらさを抱え、心も身体も苦しく、死にたいとさえ思う人が増え続ける理由は？ 我々が直面する「生存を支える仕組みそのものの危機」を訴える。

978-4-334-04436-7

光文社新書

1028
自画像のゆくえ
森村泰昌

画家はなぜ自画像を描くのか。自撮り／セルフィー時代の「わたし」とは？ 自画像的写真をつくりつづけてきた美術家が、約六〇〇年の歴史をふまえて綴る、「実践的自画像論」。

978-4-334-04437-4

1029
患者よ、医者から逃げろ
その手術、本当に必要ですか？
夏井睦

キズ・ヤケドの湿潤療法の創始者が、今も変わらない酷《ひど》い治療をメッタ斬り。豊富な症例写真を交えつつ、痛みや創感染、骨髄炎や院内感染の闇と真実に迫り、人体の進化史の新説も展開。

978-4-334-04438-1

1030
運気を磨く
心を浄化する三つの技法
田坂広志

あなたは、自分が「強運」であることに気がついているか／なぜ、志や使命感を持つ人は「良い運気」を引き寄せるのか——最先端量子科学が解き明かす「運気」の本質。

978-4-334-04439-8

1031
あなたのメールは、なぜ相手を怒らせるのか？
仕事ができる人の文章術
中川路亜紀

何かをお願いするとき、逆に何かを断るとき、あるいはお詫びするとき、できるだけ「短くて気持ちのいいメール」を書くにはどうすればいいのか。その秘訣と文例を大公開する。

978-4-334-04440-4

1032
なぜ「つい買ってしまう」のか？
「人を動かす隠れた心理」の見つけ方
松本健太郎

どの商品・サービスも「大体同じ」な今の時代に、人々が心の底から「欲しい」と思うものをどうすれば作れるのか？ 気鋭のマーケターが「インサイト」に基づくアイデア開発を伝授。

978-4-334-04441-1